Préface
卷首

很多年前的一天下午,我的一位女性朋友将埃菲尔铁塔文在了背上,右肩胛骨的位置。她说一定要和男朋友去法国,在铁塔下拥吻,然后向他求婚。四年前的某一天,我突然看到她在朋友圈里发了一张在埃菲尔铁塔下的自拍,虽然焦点对在了身后的铁塔上,但满脸泪痕依然清晰可见。她站在巴黎街头,哭得非常伤心。

尽管照片极其煽情,但文字倒是她一贯的泼辣风格。她用四川人讲脏话的方式,近乎破口大骂地给大家讲清了事情的原委:男朋友劈腿露馅,她痛打了渣男一顿,拉黑他所有联系方式,一天都没有等,立刻打电话办签证,现在人已经在巴黎。文末她问:"巴黎大家有推荐的中餐厅吗?"

前不久再谈起此事,她先是没心没肺地哈哈大笑,紧接着脏话问候渣男,再淡然地说道:"年轻时不知道哪来的执念,非要去法国证明一下爱情。最后分开了,还要像完成仪式一样自己去一趟。你说傻不傻?"

不傻。年少自有年少时表达爱意的方式,简单、激烈、一意孤行。活得讲究的人,比别人多的一样东西,便是情结。为了这个情结,即使遭受爱人的背叛,她也一定要去法国。

那我呢?为什么这样反反复复地来到法国?要是我能杜撰出一个或浪漫或离奇的桥段,那一定会为本书赋予一个具有说服力的缘由。可我必须实话实说,法国之于我,从来就未曾有过任何情结。

第一次去法国,它不过只是我漫长欧洲行程中的一个中转站。

我从伦敦乘坐欧洲之星列车穿越英吉利海峡的海底隧道到达巴黎。那一次的伦敦阴雨绵绵,在曼彻斯特读书的老弟忘记我抵达的时间,飞去了多伦多。被放鸽子的我,撑着街头买来的蓝白红米字旗伞,愤怒地走在寒冷的伦敦街头,心情跌到谷底。毫无兴致的

一个人的盛宴

法兰西文化地理阅读

安澜 著

海天出版社
·深圳·

图书在版编目 (CIP) 数据

一个人的盛宴：法兰西文化地理阅读 / 安澜著 . -- 深圳：海天出版社，2021.1
ISBN 978-7-5507-2807-3

Ⅰ．①一… Ⅱ．①安… Ⅲ．①游记－作品集－中国－当代 Ⅳ．① I267.4

中国版本图书馆 CIP 数据核字 (2019) 第 285605 号

一个人的盛宴：法兰西文化地理阅读
YI GE REN DE SHENGYAN:FALANXI WENHUA DILI YUEDU

出 品 人　聂雄前
责任编辑　林凌珠
责任校对　赖静怡
责任技编　梁立新
封面设计　ABOOK STUDIO 小一 Design QQ1014618547

出版发行　海天出版社
地　　址　深圳市彩田南路海天综合大厦 (518033)
网　　址　www.htph.com.cn
订购电话　0755-83460239(邮购、团购)
设计制作　麦克茜
印　　刷　深圳市希望印务有限公司
开　　本　787mm×1092mm　1/16
印　　张　17
字　　数　180 千
版　　次　2021 年 1 月第 1 版
印　　次　2021 年 1 月第 1 次
定　　价　75.00 元

版权所有，侵权必究。
凡有印装质量问题，请随时向承印厂调换。

我，只想赶快离开。

开始对毫无感情的法国有些许好感，是因为那一次，它将我从阴郁压抑的心情中解救出来。抵达巴黎的当天，阳光明媚，再也没了阴雨。我住在窗外可以看见埃菲尔铁塔的纯白公寓里，街道的空气中弥漫着咖啡混合法式甜品的香味。

我真是个慢热的人，这完美的一切还是没能让我爱上法国。我竟没有一次想念过它。之后那些年，再去法国，次次都是因为工作，我甚至私下抱怨："怎么又是法国？不能让我去点别的地方吗？"

可是，与一个地方的感情就如同恋爱，并不是所有恋人都能一见钟情。这一次次机缘巧合的相处，以过路人的身份走了法国好些地方。不敢说了解，但在这反复接触中总会有些日益轻车熟路的感觉。正是这份熟悉的感觉让我回过神来，法国对我来说，早就不只是当初那个中转站了。

Sommaire
目录

Préface
卷首 — 001

Paris
巴黎 — 001

最"完美"的巴黎全景 — 002
三大博物馆 — 007
巴黎只有一条街 — 026
曾经沾满鲜血的革命广场 — 029
巴黎的生命线 — 031
巴黎的心脏 — 038
莎士比亚书店 — 043
巴黎名人最多的地方 — 046

朱自清的神来之笔	050
让人又爱又怕的艺术高地	055
巴黎的秩序	060
圣旺跳蚤市场惊魂记	066
没有最详细只有更详细的巴黎地铁攻略	076
自驾其实没有那么难	081
跟着我住巴黎	089
跟着我啖巴黎	097

Normandie
诺曼底大区 137

法国境内的美国领地	138
路的尽头	141
贞德的鲁昂，莫奈的鲁昂	147
莫奈的花园	150
红衣主教的一个梦	155

Bretagne
布列塔尼大区 159

大历史，小日子	160
满地都是六便士，而我只抬头看月亮	164

Centre-Val de Loire
中央 – 卢瓦尔河谷大区　　　　　　　　　　173

弗朗索瓦一世留下的建筑瑰宝　　　　174

雪瓦尼城堡　　　　　　　　　　　　180

达·芬奇在这里溘然长逝　　　　　　183

属于女人的城堡　　　　　　　　　　192

肖蒙城堡　　　　　　　　　　　　　196

Sud de la France
南法　　　　　　　　　　　　　　　　201

教皇之城，戏剧之城　　　　　　　　202

这个小镇不只有凡·高　　　　　　　208

只此一次　　　　　　　　　　　　　217

尼斯！尼斯！　　　　　　　　　　　224

尼采的哲学小径　　　　　　　　　　235

世界香水之都　　　　　　　　　　　240

明媚的最美小镇，无缘　　　　　　　244

Postface
后记　　　　　　　　　　　　　　　　252

最"完美"的巴黎全景

那个失恋女子泪流满面地在铁塔下自拍的照片一直在我脑海中,成为关于铁塔印象最为深刻的一幕,尽管拍得都失了焦。比起失恋,失焦并不算什么。

第一眼看到铁塔,是从我住的公寓的窗户往外看去。我就住在铁塔附近,每天傍晚都会散步去战神广场,在栗子树下的椅子上坐一会儿。这里随处可见拎着冰镇香槟、捧着红玫瑰的小贩,虽然有些俗气,但这地方真挺适合临时起意求婚。没有钻戒也无所谓,如果一个姑娘愿意跟你去巴黎,那她也一定愿意嫁给你。

这个为了纪念法国大革命胜利一百周年,在1889年法国世博会上亮相的铁塔,是著名建筑师古斯塔夫·埃菲尔团队的作品。我刻意强调"团队"二字,是因为一些纪录片和资料表明,铁塔的设计者并非古斯塔夫·埃菲尔本人,而是他手下的工程师。至于竞标方案上与他共同署名的另一位建筑师斯蒂芬·索维斯特,只是因为方案需要捎带一位建筑师,才能参与世博会

Jiayun DENG/摄

的竞标。不过这些都不重要了，埃菲尔带领团队在两年时间内于战神广场竖立起一座震惊全球的庞然大物，从此铁塔成为埃菲尔人生中最辉煌的作品，没有之一。设计铁塔的工程师也好，挂名的建筑师也罢，虽然获得了丰厚的报酬，但名字永远被淹没在埃菲尔的盛名之下。

　　来到巴黎的游客绝大部分都会登上铁塔，俯瞰巴黎全景。铁塔分三层，一层高 57 米，二层高 116 米，顶层高 276 米，电梯直达顶层的价格是 25 欧元。我每次路过铁塔脚下，排队的人总是摩肩接踵。漫长的等待和人与人之间过密的距离，令我至今都没动过登上铁塔的念头。更重要的是，登上铁塔虽能看到巴黎全城美景，但唯独缺了最能代表巴黎的铁塔本身啊！

　　有个地方就解决了以上问题——蒙帕纳斯大厦。它是巴黎市区唯一的摩天大厦，登上这栋大厦的观景平台，整个巴黎就在你面前，包括埃菲尔铁塔。

　　我在一个寒冷的傍晚登上蒙帕纳斯大厦，那时候的我贪心又勤快，只要时间允许，喜欢的景点都会不辞辛劳地去一次。但那晚蒙帕纳斯观景平台上的风一点情面也不留给我，呼呼地刮着，我的小身板在风中踉踉跄跄，三脚架也根本立不稳。旁边一个不知道哪个国家的摄影爱好者跟我打招呼，我们俩彼此用蹩脚的英语聊了会儿摄影，发现实在聊不下去，于是各自安静地摆弄手中的相机。

　　但巴黎人非常厌恶蒙帕纳斯大厦，认为它突兀得破坏了市容。其实埃菲尔铁塔在修建之初也被整个巴黎诟病，但巴黎人最终接受并深爱它，而蒙帕纳斯大厦就没那么好运了，有一年在非正式的网络投票中，蒙帕纳斯大厦"荣获"全球最丑建筑第二名，救它一

Jiayun DENG/摄

巴黎

蒙帕纳斯大厦观景台 ▶

命的是波士顿市政厅。

  我已经忘记是哪一位作家的故事了。这位作家对蒙帕纳斯大厦可谓深恶痛绝，经常公开批评这栋丑陋的建筑，然而自己却经常去蒙帕纳斯楼顶的酒吧喝酒。人们问他为什么，他回答说："因为只有在这里，窗外才看不见蒙帕纳斯大楼！"

  如果你也想俯瞰拥有埃菲尔铁塔而没有蒙帕纳斯大厦的巴黎全景，那就来这里吧。

三大博物馆

我曾经在维多利亚·希斯洛普的《岛》中读到一段对恋人初遇的描写：

"当医生从地道里出现时，十月末波浪滔滔的大海映入眼帘，他看到小船在离岸边一百米左右的海上起伏飘摇，一个女子站在码头上，眺望着远处的大海。听到他的脚步声后，她回过身来。转身时，长发飘起，拂到脸上，一双大大的杏眼凝视着他，充满希望。

许多年前，还是战争前，克里提斯去过佛罗伦萨，看过波提切利迷人的画作《维纳斯的诞生》。画中人物身后灰绿色的大海，被风吹起的长发——玛利娅强烈地唤起了他对名画的印象，伊拉克里翁他家中的墙上还挂着此画。在这个年轻女子身上，他看到了同样羞涩的微笑，同样略带疑问的侧头，同样初生般的纯洁。以前，他还从未在现实中见到这样美丽的人。他停下脚步。此时在他眼里，她不是病人，只是女人。他觉得她比他曾见过的任何人都要美丽。"

这位波提切利笔下的维纳斯被认为拥有美术史上最优雅的裸体。很多年前我曾在一本画册上看到过她，当时的我对文艺复兴时期神话题材的画作并没有特别的感觉。在读过维多利亚·希斯洛普的《岛》之后，某天站在巴黎街边等公交车，身旁的货架上展示着印有这幅画的明信片，在那个嘈杂的街头，有那么一瞬间，我好像去到了故事中的希腊孤岛，脑海中浮现出医生与玛利娅初遇的场景。这时，画中代表美与爱的维纳斯，才栩栩如生地展示着她的美丽，将我打动。

这一幅画的原作并不在巴黎，我提起它只是想到自己，一个艺术门外汉，对艺术品的热爱，大多是从某个人、某部电影或某本书中得来的情结。其实想想，艺术之于大众，正是如此。它并非高不可攀，你不必如数家珍娓娓道来，有那么一幅画或一尊像打动你，让你想要站在它面前追忆这份感动的来龙去脉，这便足够美好。

作为闻名全球的艺术之都，世界各地的游客来到巴黎，绝对不会错过它的博物馆。巴黎有数不清的博物馆，除了那些收藏艺术品的主流博物馆外，还有一些主题性博物馆、名人纪念博物馆，例如下水道博物馆和伊迪丝·琵雅芙[1]博物馆。我非常羡慕生活在巴黎的朋友们，一天逛一个博物馆，也要很长时间才能逛完吧？所以巴黎有一种博物馆通票"Paris museum pass"，在一定的连续自然日里可以无限次参观巴黎几乎所有的博物馆及一些景点，例如凯旋门、巴黎圣母院和郊外的枫丹白露宫、凡尔赛宫等。说到巴黎这众

1　伊迪丝·琵雅芙（Édith Piaf，1915—1963），法国传奇女歌手，代表作有《玫瑰人生》《爱的礼赞》等，她去世后法国为她举行了国葬。

多博物馆中最有名最受当地人和世界游客欢迎的，只能是这三个：奥赛博物馆、卢浮宫和乔治·蓬皮杜国家艺术文化中心。

奥赛博物馆

第一次到巴黎，当然首选三大博物馆中我最爱的奥赛博物馆。这家国立博物馆位于塞纳河左岸，是由100多年前的火车站改建而成的。当年建立奥赛的初衷是从时间意义上连接卢浮宫和乔治·蓬皮杜国家艺术文化中心（以下简称"蓬皮杜艺术文化中心"或"蓬皮杜中心"）。卢浮宫主要收藏1860年以前的艺术品，蓬皮杜中心则是收藏1905年之后的。而奥赛藏品的起点被定在19世纪中期，主要陈列1848年到1914年之间创作的西方艺术作品。和大部分博物馆一样，奥赛藏品的门类种别包括绘画、雕塑、摄影与装饰艺术作品等。但用奥赛官方参观指南的话来说，"奥赛博物馆的伟大独创性在于汇集了于短暂的历史阶段中创作的丰盛艺术品"。

我为什么偏爱奥赛呢？其中一个原因是，我所熟知的大部分艺术品都是印象派画作，而奥赛收藏的印象派作品数量之多，令全球印象派痴迷者都想到此膜拜。另一个原因是，多年前一位朋友曾向我提起过他心中认为最美的母亲，是美国画家惠斯勒所画的自己的母亲，这幅画原名为《灰与黑的协奏曲》，更广为流传的名字是《惠斯勒的母亲》。

这位最美的母亲，就在奥赛。

但由于这幅画阴暗晦涩，违背当时主流审美，所以长期不受待见，四处辗转，命运坎坷，直到19世纪

▲ 奥赛博物馆
主要收藏
1848年至1914年之间的艺术品
地址
1, rue de la Légion d' Honneur, 75007 Paris
周一闭馆

30年代才重见天日，声名大噪。因为当年朋友提起这幅画与画家颠沛的命运，我对它产生了极大好奇，就像为了完成朋友之间的约定，抱着极大的热忱前往奥赛，想要亲眼目睹。

但没想到我与这幅画之间的缘分也一样坎坷。第一次去奥赛，博物馆将它收了起来，没有对外展示。第二次去奥赛，它被借去了芝加哥美术馆，时间虽不长，但刚好错开我在巴黎的日子。第三次去奥赛，以为终于能与它谋面，找了一圈还是没见着，只好返回前台询问工作人员。工作人员对我说："噢，它不在这里，被阿布扎比卢浮宫借走了。"听到这话的我脱口而出："天啊，这是我第三次专程到奥赛来找它了！"工作人员一听，夸张地双手抱头仰天长叹，主动为我写下了地址。

后来得知，阿布扎比卢浮宫与法国签约租赁了"卢浮宫"这一名字，同时也租赁了法国多家博物馆的藏品。《惠斯勒的母亲》被借走，一时半会儿也回不到巴黎，以后很长一段时间都得留在阿布扎比了。

奥赛最负盛名的藏品当属老少熟知的凡·高的《罗纳河上的星夜》，他的《自画像》和《凡·高在阿尔勒的房间》也被收藏于此。

我们这一代人在小学课堂上的美术启蒙，几乎都从印象派开始，而关于印象派，老师最先告诉我们的就是凡·高。凡·高名声之大，以至于幼年的我一直误以为印象派的定义就是凡·高画作的风格。

这些年常去欧洲，博物馆自然去得也多。旅行，让我这样一个西方艺术门外汉也尝试着去了解过去不易接触到的东西。后来才得知，印象派这个名字的诞生，源于莫奈的画作《日出·印象》。

1874年，一位摄影师的工作室里展出了35位被学院派排挤的年轻画家的作品，其中便有莫奈的《日出·印象》。守旧的人们无法接受新兴的绘画风格，对这次画展进行了猛烈的抨击。其中一位记者以莫奈画名中的"印象"二字调侃，发表了题为《一次印象主义的展览》的文章，对画家们大肆讥讽。这是"印象主义"一词首次出现在艺术史上，就这样，一代画派的大名便在讥讽中诞生了。

《日出·印象》现被收藏于法国马蒙坦博物馆，我倒是没亲眼见过这幅印象派的由来之作，但在奥赛看过莫奈的好几幅作品，《虞美人》《睡莲》《鲁昂大教堂系列》。看到莫奈笔下的鲁昂大教堂，我能联想到当初严谨的学院派面对印象派的画作，心中觉得多么荒唐，那不就是千度近视透过沾满雨水的平光眼镜看出去的

▲ 奥赛博物馆展厅
▼ 雷诺阿的《乡村之舞》与《城市之舞》

《惠斯勒的母亲》现收藏于阿布扎比卢浮宫，▲
此图为 2017 年朋友去奥赛博物馆为我拍摄的
《罗纳河上的星夜》，此图同为朋友所摄 ▲
凡·高的自画像之一 ▶
留翔／摄

感觉吗？

除了绘画外，奥赛最辉煌的藏品当属雕塑。因为19世纪正是雕塑的鼎盛时期，奥赛收藏的2000多件雕塑作品向世人展示着这一时期的丰硕成果。我对雕塑不大感兴趣，所知甚少，但雕塑大师的名讳和生平终归有所耳闻。

看过一部电影，《罗丹的情人》。影片讲述了雕塑大师罗丹和他的学生兼情人卡米耶·克洛岱尔的故事。在与罗丹纠缠的岁月里，卡米耶耗尽血与泪，独自默默在疯人院里度过了人生中的最后30年。这个悲剧故事令我对这两位天才雕塑家印象至深，奥赛正好收藏了两位的作品。但作为女性，我对卡米耶更感兴趣。她的青铜雕塑《成熟年代》生动地演绎了她与罗丹恋情决裂的那一刻：雕塑中的男子正是罗丹，他被妻子拉走，头也不回，而卡米耶跪在地上伸出双手想要挽留。这座青铜雕塑静静地矗立在奥赛，无声无息地讲述着这个才华卓绝的女雕塑家，为了爱与艺术而癫狂的一生。

我对艺术品的关注，大多都如此，通过电影、书籍这些我感兴趣的介质传递而来。理论上来说，我对艺术品本身并不那么感兴趣，但热衷去了解艺术品背后的典故与渊源，这何尝又不是兴趣的另一种表现方式呢？

卢浮宫

大部分人都知道，卢浮宫正中那个在电影里出镜过无数次的玻璃金字塔，是华裔建筑大师贝聿铭先生的作品。实际上，贝聿铭先生当年参与了整个卢浮宫

▲ 卢浮宫展厅
主要收藏
1860 年以前的艺术品
地址
rue de Rivoli, 75001 Paris
周二闭馆

的重建设计,玻璃金字塔只是其中最引人注目的一项而已。

当年玻璃金字塔的方案模型照片一经《法兰西晚报》的发表,便在守旧的法国人中激起轩然大波。大部分人极度反感这个"玷污"古老宫殿的方案,评论一边倒地抨击贝聿铭先生和他的玻璃金字塔。法国文化部前部长雅克·朗格在《新卢浮宫之战:卢浮宫浴火重生记》一书中详细记录了这场新旧对垒的"战役"。

1981 年,还是社会党总书记的法国前总统密特朗,访问美国期间,希望跟里根总统会面,但却一直没有确定消息。在等待期间百无聊赖,参观了贝聿铭先生的建筑作品——华盛顿国家美术馆。早在华盛顿国家美术馆的设计中,贝聿铭先生就已经开始采用通过地面的玻璃金字塔采光的设计了。密特朗看后非常喜欢,一心想有机会要跟贝聿铭先生合作。在密特朗当选总统之后，他便利用法律上的漏洞，以"翻修和整治"代替了"重建"，未经招标程序便内定了贝聿铭的方案。因为"翻修和整治"工程，是可以直接在卢浮宫首席建筑师领导下直接开展的。

　　书看到这里，我很想知道这位首席建筑师的心情。任性的总统因为自己的喜好，把他当作幌子，只是为了内定另一位建筑师。甚至火速与贝聿铭签下合同，造成"既定事实，让大家没有办法找理由后退"。

　　要是当年严格执行了招投标程序，今天我站在卢浮宫面前，一定看不到这个玻璃金字塔。到底，天马行空的想象力经受住了时间的考验。现在的玻璃金字塔已然成为卢浮宫的标志，与镇馆三宝一样，是卢浮宫向世界展示的精美艺术品。

　　卢浮宫是法国过去的皇宫，呈 U 型的巨大建筑群，各展厅分布在错综复杂的楼层里。作为世界四大博物馆之首，它收藏着来自世界各地、时跨古今、门类众多的 40 多万件藏品，即便是草草地看个大概，三天三夜也是不够的。

　　但如果你是跟团去巴黎的游客，不用担心，导游会带着你们火速看完镇馆三宝就撤退。如果你跟我一样，心中有些情结，抑或有些追根究底的缘由，一定要找到某些作品驻足停留，从容不迫地感受一番，那至少是需要一整天的。

　　为了减少不必要的时间浪费，事先做点功课是很有必要的。

　　推荐卢浮宫官网 http://www.louvre.fr/zh 和导览手机软件"卢浮宫指南"。

　　卢浮宫的网站做得非常好，假如你暂时去不了巴

▲《蒙娜丽莎》面前始终人山人海
◀《米洛的维纳斯》
▶《萨莫色雷斯岛的胜利女神》

黎,也能在网络上先将卢浮宫虚拟参观一番。它能提供很多有用的信息,包括卢浮宫的平面图 PDF 文件。

这个手机软件会为你提供以时间长短排序和主题不同的各三种参观路线。每条线路都精选了一些代表性的藏品,每个藏品都以语音方式讲解了知识点。有了这个手机软件,基本上没有必要再租赁语音讲解器了。

小贴士:

1.提前买票。排队买票会耗费很长时间,买票后再去安检还需排队。提前买票换票再直接去安检就能省下购票排队的时间。

2.避开玻璃金字塔入口,那里人太多,别的入口排队的人少很多。例如外侧里沃利街边的小玻璃门入口。

卢浮宫分三大区域:德农馆、黎塞留馆、叙利馆。

无论从哪个入口过安检,游客们都会在玻璃金字塔正下方会合,这里的服务台提供中文地图。来到这里你可以看到三个馆的入口,入口处高挂着该馆最显

卢浮宫外的街头艺人 ▶

赫藏品的海报。中间的德农馆因为拥有《蒙娜丽莎》时刻保持人潮涌动。相比之下，另外两个馆显得冷清多了。

馆藏分门别类隶属于8个不同的藏品部门，各个部门各用一种专门的颜色以示区分。比如，绿色代表古埃及文物部，红色代表绘画部，蓝色代表古希腊、伊特鲁里亚及古罗马文物部，等等。各个藏品部门的不同展厅都配有一个相应的阿拉伯数字。这些不同的颜色与数字都标记在本馆导游图上，及各展厅内的方向指示牌、参观线路上随处可见的标识板上。

《蒙娜丽莎》《米洛的维纳斯》《萨莫色雷斯岛的胜利女神》，几乎所有的游客来到卢浮宫都会直奔这镇馆三宝而去。这三大件面前永远人山人海，尤其是《蒙娜丽莎》，它是卢浮宫里唯一需要排队观赏的艺术品。

但我最先寻找的不是这三大件，而是雅克·路易·大卫的画作《拿破仑一世加冕礼》。这幅画不仅是艺术品，也是法国一段重要历史的见证。我刚看完的两本书都讲到了这幅画，便迫不及待直奔它而去了。

这幅画的背景是拿破仑在雾月政变后取得了法国的军政大权，推翻共和制，自己做了皇帝，画的正是他在巴黎圣母院举行的加冕仪式。就像我们现在领导上任留影一样，雅克·路易·大卫被拿破仑请来绘制这一时刻。

我在《被误诊的艺术史》一书中读到过作者细说此画玄机，又在另一本已记不起名字的书中读到过此画作者大卫的故事。书里将大卫描写成一个专为政治服务的画家，一个见风使舵的墙头草，令我对这幅画充满了好奇。

这幅画有什么玄机呢？

欧洲皇帝被教皇加冕，要单膝跪在教皇面前，由教皇为其戴上皇冠，以显示君权神授。但在加冕仪式上发生了臭名昭著的一幕：不可一世的拿破仑直接从教皇手里夺过皇冠，背对祭坛，自己单手将皇冠戴在了头上。这个场景有当年大卫的素描草图作证，但大卫是个人精，用现在的话来说，觉悟很高，他放弃记录这个瞬间，而选择记录已经头戴皇冠的拿破仑为皇后约瑟芬加冕的时刻。

但凡对拿破仑稍有了解的人都知道，拿破仑个子很矮，据说尸检高度不到一米七。而在这幅画中，有好事者根据画幅比例换算了一下，画中他的身高足有一米八。拿破仑的皇后约瑟芬，加冕仪式时已经41岁了。但画中的约瑟芬好似开启了美颜模式，宛如少女。如果说这些都是画家大卫对细节的美化，那下面这点便是无中生有了。实际上拿破仑的母亲非常讨厌儿媳约瑟芬，加冕礼当天拒绝到场，然而大卫为了制造皇帝家庭和美的一幕，硬是将她画了进去。

卢浮宫里像这样有典故有玄机的艺术品很多，只要你愿意去了解，每一个作品背后都有一个故事。想要看到更多的细枝末节，就一定要知道它诞生的时代背景。过去我对此一无所知，甚至谈不上感兴趣。但当我一次次站在这些作品的面前，那种面对面的感觉跟翻开书本查阅是截然不同的，有一股强大的气氛让我逐渐萌生去追究这些作品的根源的想法。回首这些年，旅行对我最大的改变便是，我从一个过路人变成了一个寻访者。我热爱这样的旅程，它的能量饱满充盈，不只迸发于你驻足停留的那一刻，更将无声无息地沉淀于今后的岁月中。

▲
乔治·蓬皮杜国家艺术文化中心
主要收藏
1905年至今的艺术品
地址
place georges-pompidou,75004 Paris
周二及5月1日闭馆

乔治·蓬皮杜国家艺术文化中心

曾经有个艺评人戏谑地将卢浮宫、奥赛博物馆和乔治·蓬皮杜国家艺术文化中心这三大博物馆分为"看得懂的""介于看得懂与看不懂之间的"和"看不懂的"。这"看不懂的"说的便是蓬皮杜中心了。

说看不懂有些夸张,只是大部分人对现当代艺术没有那么感兴趣罢了。就像我,哪怕几次住在蓬皮杜中心附近,都没有想过要进去看一看。后来知道要写一本关于法国的书,我这才本着完善三大博物馆的心态,抽空专程过去看了看。

看过一部名为《世界建筑系列》的纪录片,其中一集详细介绍了蓬皮杜中心的设计方案,这是一栋极具开拓精神的革命性建筑,可以说这栋怪异的庞然大物本身,便是我在这里看到的第一件艺术品。

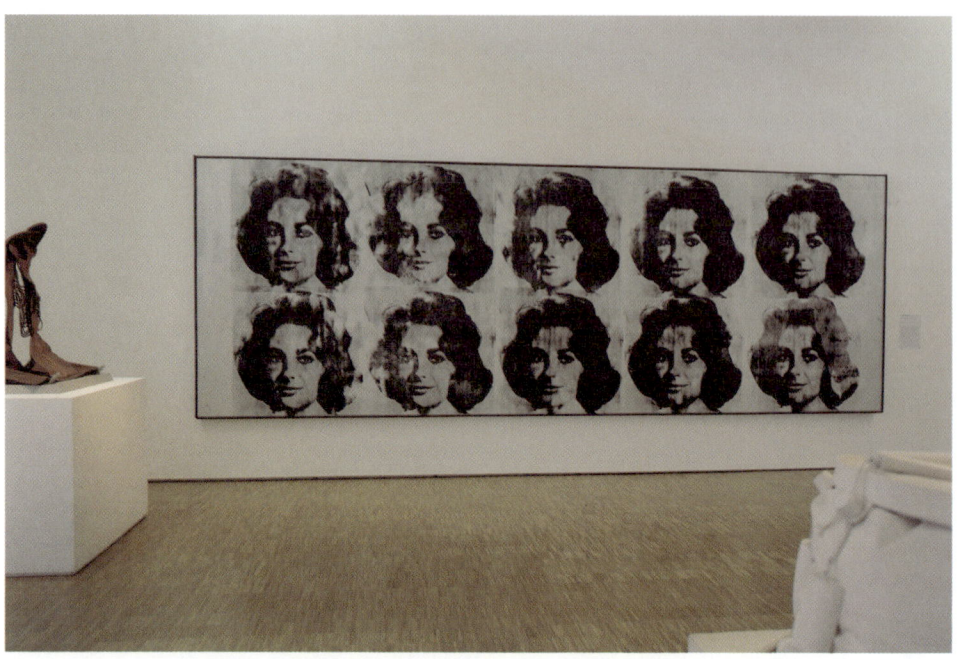

巴黎

Jiayun DENG/ 摄

▲ 蓬皮杜艺术文化中心上空自由的群鸟

  如同反对卢浮宫的玻璃金字塔一样,守旧的法国人当年也非常反对这个将"五脏六腑"暴露在外的建筑。能够理解,时至今日来到它面前,仍能感受到它与老巴黎气质强烈地格格不入。但容易被既定事实说服的巴黎人最后还是接纳并爱上了它,每次路过这里都能看到蓬皮杜中心面前的小广场上,年轻人席地而坐,卖艺人弹起吉他大声吼唱,一曲结束,所有人热烈鼓掌,鸽子被惊得扑棱翅膀腾空而起。

  这个以法国前总统之名命名的艺术中心,收藏着1905年之后的现当代艺术作品。说起馆藏,除了毕加索、夏加尔和马蒂斯等人的名画,其他大部分作品我都不太感兴趣。更有一些令人费解的艺术品——我正走着,突然看到地上躺着一节被切割开来的管道,心中疑惑装修工人的东西怎么就这样随意丢弃在展厅的地上,结果定睛一看,这居然是一位艺术家的作品。

不得不承认，以我这门外汉的理解能力，很难了解其含义，倒是不少装置艺术作品更能引起我的兴趣。

如果你确实不甚感兴趣，大概地浏览一下之后，不妨来到蓬皮杜中心的顶层，这里有可以俯瞰巴黎城的辽阔视野，远处的铁塔和圣心大教堂也尽收眼底。这何尝不是蓬皮杜中心的又一个亮点呢？

按部就班地进行系统学习或许不是如我一般的艺术门外汉会选择的方式，但只要做个有心人，像这样在旅途中看到古老的建筑、博物馆中的一幅画，或是听到街头艺人唱起一支小曲，都是我们普罗大众与艺术的浪漫邂逅。

世界四大博物馆——法国卢浮宫、英国大英博物馆、俄罗斯艾尔米塔什博物馆和美国大都会博物馆，我已经去过其三。不知以后的日子里，我会被俄罗斯艾尔米塔什博物馆中的哪件艺术品所打动，而非要前往亲眼看看呢？

巴黎只有一条街

几乎每个国际大都市都有这样一条街道，它在市区最好的位置，宽阔笔直，治安良好，道路两侧奢侈品店和昂贵餐厅林立，终年游人如梭。在纽约，它叫第五大道；在伦敦，它叫邦德街；在巴黎，它叫作香榭丽舍大街。

对于不熟悉巴黎的游客来说，巴黎似乎只有这一条街道。从凯旋门到协和广场这条笔直的大道，就是香榭丽舍大街。越靠近凯旋门，越是繁华拥挤。这一路段常年被从世界各地慕名而来的游客占领。往协和广场方向走去，到香榭丽舍花园附近，香街的这一段安静了许多。遇见天气晴好，买杯咖啡坐在花园里的木椅上看会儿书，十分惬意。我有一次竟然就这样睡着了，醒来发现自己紧紧地抱着背包，防盗意识真是毫不松懈。

这条世界闻名的"最美街道"是每个前往巴黎的游客必到的景点，但我建议你不要将购物的重心放在

香榭丽舍大街尽头便是凯旋门

这里，它不算是购物的好去处。这里品牌并不丰富，而且店铺独立地散落在街道两侧，遇见个风雨天，逛起来十分不便。若你在其他品牌店里找不到想要的款式，倒是可以到这里来碰碰运气。老佛爷商场里卖断货的一款包，我在这里买到了。至于用餐或者喝咖啡，我通常都会避开这里，人实在是太多了。

香街的西尽头便是凯旋门，为纪念战争胜利、军队凯旋而修建的大门。欧洲人修建凯旋门的传统早在古罗马时期便开始了，欧洲的凯旋门不止这一个，甚至巴黎的凯旋门也不止这一个，但香街尽头的这个凯旋门最为人熟知。下令修建这个凯旋门的人是拿破仑，纪念的是第三次反法同盟战争中奥斯特里茨战役的胜利。在这场战役中，拿破仑的统帅才能得到了最淋漓尽致的体现，他带领 7 万多人的法国军队，战胜了 8 万多人的俄奥联军。这座凯旋门可谓是法国军队最辉煌时期的见证。

香榭丽舍大街的凯旋门不仅是欧洲最大的凯旋门，也是最大动干戈的凯旋门。落成之后，又在其周围修建了圆形广场和包括香街在内的 12 条大街。这 12 条街道以凯旋门为中心，向外辐射，从空中俯瞰，状如光芒四射，所以这里被称作"星形广场"，后改名为"戴高乐广场"。但是这个全巴黎最大的交通转盘恐怕是司机最讨厌的地方了，车辆堆积在此互相剐蹭，根本无法判断谁对谁错，我在巴黎听到汽车鸣笛声几乎都是在这里。

凯旋门下方有电梯可通往顶层，当然你也可以选择走螺旋楼梯。虽然高度只有 50 米左右，但风景依然美好。我只上去过一次，不凑巧遇上个坏天气，巴黎城灰蒙蒙一片，我的卡其色风衣上沾满了风雨。

曾经沾满鲜血的革命广场

从凯旋门沿着香榭丽舍大街一直往东走，路的尽头便是协和广场。放眼望去，这个椭圆形的广场也并无多大特色，只是一个广场该有的样子，平坦且开阔，有个毫无特色但吸引游人的摩天轮和几辆卖着香气四溢的可丽饼的推车。

广场的正中，如利剑般高耸的是埃及送来的方尖碑。但在协和广场还名为路易十五广场的时代，方尖碑的位置上竖立的是路易十五的雕像。法国大革命时期，国王雕像被推翻，广场上立起了高高的断头台。

在那段疯狂的革命岁月里，在这个广场上被处决的人不计其数，其中最著名的人物，也是中学历史课本上的必考点，正是法国历史上唯一被处死的国王——路易十六。在他爷爷修建的广场上，他被自己亲自设计改良的断头台处决，真是讽刺至极。

后来广场两头新增了两座喷泉，它们俩经常出现在巴黎的时装大片里，明星们和游客们一样，站在它们俩身边拍照留影。但其实这两座喷泉只是罗马圣彼得广场喷泉的仿货，并无什么来历和历史，装饰倒是十分精致华丽。

你可以找个角度将方尖碑、喷泉和摩天轮同时拍下来，但恕我直言，这三样同时出现在画面里看上去总觉得怪怪的，有些不和谐。但游客们总是乐此不疲地寻找这永远不和谐的构图。

穿过广场再往前走是杜伊勒里公园，它在协和广场和卢浮宫之间。不知道为什么，法国公园的地面大多都只是铺着一层粗糙的沙砾，走起来灰尘飞扬，弄得白色鞋面脏兮兮的。铁塔下的战神广场是这样，城市最中心的公园也是这样。公园谈不上景色优美，但不像热门景点那样熙熙攘攘，游览城市的途中路过这里，坐在树下的木椅上歇歇脚，也非常惬意。要是你特别喜欢莫奈的画，记得不要错过这里的橘园美术馆，里面收藏着"睡莲"系列的众多作品。

协和广场 ▶

巴黎的生命线

巴黎这座城市从西岱岛发源后，逐渐沿着塞纳河向外扩展，今天巴黎的大部分景点都集中在塞纳河两侧。塞纳河呈几字形将巴黎一分为二形成南北两部分，巴黎人别出心裁地称其为右岸和左岸，以北为右，以南为左。

紧贴河畔两侧的岸边人行道上，郁郁葱葱的梧桐树下，并排着许多墨绿色的铁皮大箱子，它们沿河形成了巴黎特色的露天二手书摊。

朱自清先生在《欧游散记》中这样写道："沿着塞纳河南的河墙，一带旧书摊儿，六七里长，也是左岸特有的风光。有点像北平东安市场里旧书摊儿。可是背景太好了。河水终日悠悠地流着，两头一眼望不尽；左边卢佛宫，右边圣母堂，古香古色的。书摊儿黯黯的，低低的，窄窄的一溜；一小格儿一小格儿，或连或断，可没有东安市场里的大。摊上放着些破书；旁边小凳子上坐着掌柜的。到时候将摊儿盖上，锁上小

Jiayun DENG/ 摄

▲ 被巴黎的阳光晃得眯起了眼
▼ 桥上常有乐队表演

▲ 桥上看书的人

塞纳河边的向日葵教授 ▶

巴黎

铁锁就走。这些情形也活像东安市场。"

从挂脖的流动摊贩到如今的固定摊位，二手书摊在塞纳河畔的存在历经了好几百年，它早已是巴黎城市文化与风景不可分割的一部分。为了使书摊与巴黎风景和谐共存，巴黎市政府为书摊统一设计了墨绿色的铁皮箱子。白天书贩们来到塞纳河边，打开箱子便开始营业，收摊时合上箱子便回家。

不同于巴黎其他地方的摊贩，这些卖书人对生意显得有些漫不经心，他们通常静静地坐在树荫下自带的折叠椅上，目不转睛地阅读手里的书。或许早已留意到自己摊位前来了顾客，或许没有，总之你不叫他，他也不抬头。

或许巴黎人永远都不会抛弃这些早已与塞纳河融为一体的二手书摊，但法国和地球上其他任何一个国家一样，阅读实体书的人越来越少，这些多年来只出售二手书、明信片等印刷品的书摊，也抵抗不住生存的压力，越来越多地开始出售"made in China"（"中国制造"）的旅游纪念品。

跟重庆一样，沿河发展的城市自然有许多桥梁，据说塞纳河上有30多座桥梁，仅西岱岛上就有9座。有意思的是，其中最古老的桥梁修建于1607年，名字却叫"新桥"。新桥穿过西岱岛最西端，连接塞纳河左右两岸，或是由于年代久远的缘故，它的造型看上去有些敦厚老实。400年的历史，新桥的意义早已不只是连通两岸的交通要道，更是一位饱经风雨却沉默无言的历史见证者。大名鼎鼎的法国女演员朱丽叶·比诺什在其代表作之一、经典文艺爱情片《新桥恋人》中，与男主角的相遇正是发生在这座新桥上。

西边紧挨着新桥的叫"艺术桥"，即便没有去过巴黎的人，也一定看过这座桥梁密密麻麻地挂满铁锁的样子。不知从什么时候开始，世界各地来到巴黎的情侣流行将写着自己和恋人名字的铁锁挂在桥上，然后将钥匙抛入塞纳河中，以此证明忠贞不渝的爱情。我作为一个偏男性化思维的女性，对于爱情中的形式主义不太感兴趣，并且听说锁越挂越多导致桥身不堪重负，垮塌过一次，于是法国市政厅派人拆除了桥身上的锁，所以挂锁这个行为我是不支持也不参与的。但这没什么用，艺术桥上不让挂锁，塞纳河上还有那么多座桥，执着的游客们立刻转移了目标，把锁挂到别的桥上去了。

人们公认的塞纳河上最美的桥梁莫过于亚历山大三世桥，相比新桥，这座于1900年巴黎世博会时完工的桥梁自然是精美了许多。这是为了纪念法俄同盟，俄国赠予法国的礼物，名字自然就是俄式的了，当年拿破仑带兵攻打莫斯科的旧事便"一桥泯恩仇"了。桥身上的雕塑与装饰极其华丽，它们的来头说起来就太复杂了。

桥下的河堤旁，是本地人热衷的免费的休闲场所。巴黎的大叔大妈在这里跳着交际舞，爱好健身的青年沿着河边慢跑，学生们带着啤酒坐在岸边聊天，情侣在此毫无顾忌地热烈拥吻……你也可以换个角度看巴黎，花上十几欧买张票登上游船，沿着巴黎这条最特别的"街道"游览，短短一小时里满眼尽是巴黎的名胜古迹。要是你预算充足，多花些钱在夜幕降临时登上高级的晚餐游船，在音乐、香槟与佳肴的陪伴中，缓缓徜徉于波光粼粼的巴黎生命线上，真是人生美事。

Jiayun DENG/ 摄

▲ 塞纳河,巴黎的生命线

Jiayun DENG/ 摄

▲ 远处是白色的亚历山大三世桥

巴黎

巴黎的心脏

位于西岱岛上的巴黎圣母院，毫无疑问是整个巴黎的中心。

巴黎这座繁华大都市的前身是西岱岛上的小渔村，那已经是很古老遥远的故事了。那时连"法兰西"都还未诞生，岛上的主人是高卢的一个分支——巴黎西人。在漫长历史中，巴黎几经易手，最后落到法兰克人手中，他们开始在这里修建教堂和宫殿。

随着巴黎的发展，原有的教堂已无法满足教众的需求，1163年巴黎人决定修建一座宏大教堂。但它的诞生耗费了近两个世纪的时间，直到1345年才最终落成，后来成为法国的宗教中心、世界上最著名的天主教教堂之一。圣女贞德在这里得以平反，拿破仑一世在这里被加冕，戴高乐总统在这里举行国葬，巴黎圣母院之于法国的意义不言而喻。

如今，在巴黎圣母院广场上，你可以找到一块镶嵌在地面上的"零公里"圆牌，从世界上任何地方计

Jiayun DENG/ 摄

▲ 河对岸是巴黎圣母院

算与巴黎之间的距离，都是以这块圆牌为终点。你可以站在这块圆牌上宣称："此时此刻，我距离巴黎零公里。"所以巴黎圣母院不仅是巴黎精神上的中心，也是地理上的中心。

世界上可能再也找不出第二个教堂像巴黎圣母院一样在中国如此家喻户晓的了。这很大程度上归功于大文豪雨果的同名小说《巴黎圣母院》，一个"矮矬穷"爱上"白穷美"并为她付出生命的爱情故事。其实这个悲剧爱情故事风靡全球时，巴黎圣母院已经破败不堪了。雨果在小说中详细描述了巴黎圣母院巅峰时期的景象，引起人们对圣母院的再度关注，民众纷纷呼吁重现圣母院当年的辉煌。正巧彼时执政的拿破仑三世热衷于改造巴黎、修复古建筑，于是巴黎圣母院的修缮工程应运而生。

我们现在所看到的巴黎圣母院，便是拿破仑三世

▲ 巴黎圣母院的彩窗光影

巴黎圣母院著名的玫瑰花窗 ▶

修复后的样子。它是我在旅行中见到的第二座哥特式大教堂，第一座是伦敦的威斯敏特教堂。这两座最著名的哥特式教堂成为我对于教堂建筑审美的起点，之后再看到别的教堂就始终觉得不过尔尔。因为巴黎圣母院，我开始对哥特式建筑的风格有了些粗浅的认识，密集高耸的塔尖、带尖儿的拱门、华丽繁复的装饰、飞扶壁和长束柱，还有巨大的梦幻般的彩绘玻璃花窗。以后无论在哪儿看到哥特式建筑，都能说出一二看点来了。

就在书稿写完还未印刷的2019年4月15日傍晚，一股不详的浓烟在西岱岛上空升起，巴黎圣母院着火了！直到消息传遍全球，火势依然没能得到控制。随着火焰越来越猛，巴黎圣母院标志性的塔尖在全球人民的注视下轰然坍塌。全世界都惊呆了！住巴黎的朋友在自家阳台上目睹了这令人难以置信的一幕，紧紧捂住嘴巴，惊愕得半天说不出来话来。媒体称这是"人类文明的一次浩劫"，这场浩劫持续了大约14个小时，直到第二天早晨大火才全部被扑灭。

灾难之后，法国总统马克龙立刻宣布发起国家筹款活动，以筹集资金重建巴黎圣母院。目前看来，筹集重建资金并不困难，仅开云集团董事长就捐赠了1亿欧元。但法国国内对重建方案迟迟未能达成一致意见，并且各国专家都指出重建在技术上有很大困难。巴黎圣母院到底能不能够恢复原状，什么时候才能恢复原状，谁也不知道。打开巴黎圣母院官方网站，页面正中写着一句简短刺眼的"教堂关闭了"，游客们想要入内参观不知要等到何年何月。

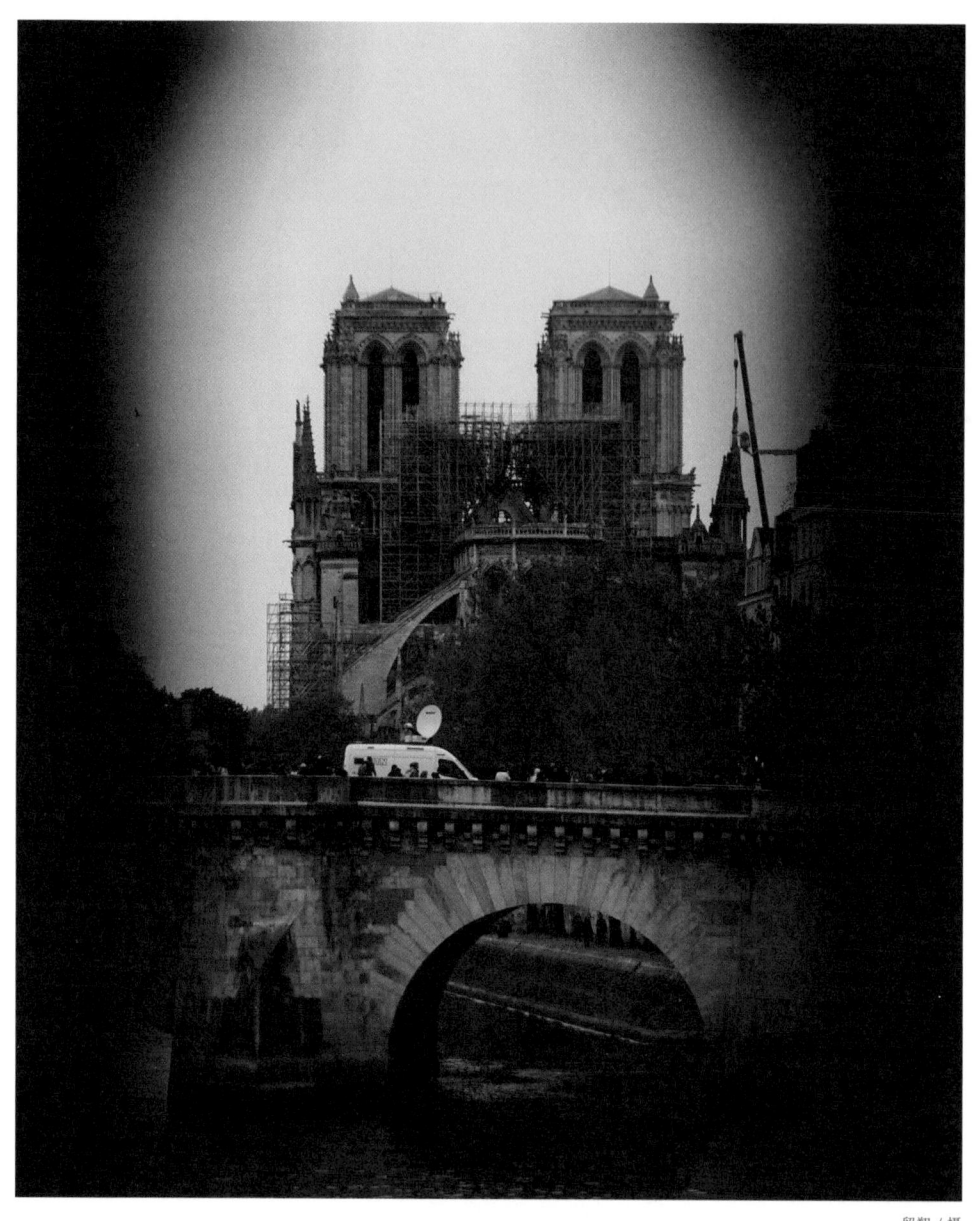

留翔 / 摄

▲ 火灾后的巴黎圣母院

莎士比亚书店

无论城市发展得多么繁华，总有一些古老情怀留存于街巷之中。如同旧金山的城市之光书店，莎士比亚书店是当年巴黎垮掉派作家的聚集之地。

海明威在《流动的盛宴》中有一篇关于莎士比亚图书公司的独立章节，他在文中这样描述："在那些日子里，我没有钱买书。我从莎士比亚图书公司的图书馆借书看。莎士比亚图书公司是西尔维亚·比奇开设在奥德翁路12号的一家图书馆兼书店。在一条刮着寒风的街上，这是个温暖而惬意的去处，冬天生着一只大火炉，桌子上和书架上都摆满了书，橱窗里摆的是新书，墙上挂的是已经去世的和当今健在的著名作家的照片。那些照片看起来全像是快照，连那些故世的作家看上去也像还活着似的。"

书店不大，分上下两层，没有提前申请拍摄许可的话不可以拍摄。游客非常多，以致书店里显得局促逼仄。尽管人来人往，一些本地人依然会平静地坐在

▲ 莎士比亚书店

▲ 莎士比亚书店二楼，一位白发老人坐在沙发上看报纸

二楼的沙发上认真地阅读。文艺青年们喜爱的影片《爱在黎明破晓前》和《午夜巴黎》也都曾在此取景。

　　但事实上海明威笔下的莎士比亚书店，并不是现在塞纳河畔这个。原书店店主西尔维娅·比奇，是海明威笔下"对他最好的人"。她在二战期间德军占领巴黎时被捕入狱，二战后将书店店名转让给了一个美国人，于是才有了现在塞纳河畔的这个莎士比亚书店。尽管只是个挂名仿货，但如今的莎士比亚书店依然底气十足地坚守在网络时代的夹缝中，迎来送往着从世界各地慕名而来的"朝圣者"。

巴黎名人最多的地方

要说巴黎名人最多的地方，我想应该就是这里了，拉雪兹神父公墓。葬在这里的名人随便挑几个都是上过教科书的人物。它位于巴黎20区，一个不太安生的区域。就在这个不太安生的20区，沉睡着30多万亡灵，而我为他而来——大门乐队的主唱吉姆·莫里森。

你没看错，这个叱咤风云的美国摇滚明星最终葬在了巴黎。我听过他的歌，一个人在雨中开车时一定会放一曲 Riders on The Storm（《风雨骑士》）。但了解到他荒唐而短暂的一生是在一本书里，书名太过吸引人，我忍不住拿了起来——《此地无人生还》。封面上的他赤裸着上半身，头发蓬乱，表情冷漠且固执。

或许是因为那一场官司，又或许是他本身对美国早已厌倦。他将自己亲手铸造的传奇乐队抛之脑后，离开美国来到巴黎，过着无人追捧的平静生活，直到他的去世震惊全球乐迷。

离他在巴黎公寓的突然死亡已经过去40多年了，

▲ 吉姆·莫里森之墓

这个疯子一般的天才永远停留了在了意气风发的27岁。有人说走进拉雪兹神父公墓的年轻人，十个里至少有五个是为他而去的，你甚至能在谷歌地图上搜到他的墓地的定位。这些前来祭拜的摇滚青年们可能难以控制自己的行为，导致现在吉姆·莫里森墓地四周放置了铁栏杆，不让人靠近，但墓碑上依然摆满了歌迷们献上的盆栽和花束。

我也不知道自己算不算是他的歌迷，两手空空地来到墓前。这里聚集着一小群人，一位金发姑娘伸手往墓前抛去一枝玫瑰，嘴里小声哼着什么，我猜一定是他写的歌曲。

除了吉姆·莫里森，最热门的恐怕要数王尔德的墓地了。他的墓碑造型别致，是一个横卧的天使雕像。用"热门"来形容一个墓地好像有些奇怪，但还有更奇怪的事情。不知道什么时候开始，姑娘们前来悼念时都会留下自己鲜红的唇印，最后这些唇印竟密密麻麻的，几乎覆盖了整个王尔德的墓碑。无论巴黎市政府如何警告，即便面临9000欧元的罚款，姑娘们的热情仍丝毫不减退。最后实在无奈的巴黎市政府只好为王尔德的墓地修建起一个透明的玻璃墙，将姑娘们的吻隔绝在外。

拉雪兹神父公墓里还有许多赫赫有名的人物，你也可以找一找自己喜欢的音乐家或者文学家。大名鼎鼎、妇孺皆知的钢琴诗人肖邦，《玫瑰人生》的原唱者、法国香颂女王伊迪丝·琵雅芙，《人间喜剧》的作者大文豪巴尔扎克，法国人眼中的罗密欧与朱丽叶——彼特·阿伯拉尔与爱洛伊丝……说到这里，我想起一直在找的一本书，是他们俩的书信集，至今都没有找到。

▲ 伊迪丝·琵雅芙之墓

朱自清的神来之笔

巴黎近郊有两处著名宫殿，凡尔赛宫和枫丹白露宫。很遗憾，凡尔赛宫好几次都不凑巧没去成。你们看，我的法国行程也不是全然圆满的，旅行总会有遗憾，不必太在意。

我在从巴黎前往卢瓦尔河谷的途中，绕路去了一趟枫丹白露镇。"枫丹白露"四个字的法语原文是Fontainebleau，意为美丽的泉水。徐志摩曾将它译为"芳丹薄罗"，但还是朱自清的"枫丹白露"更胜一筹，经国内各大房地产开发商"发扬光大"后被国人熟知。

枫丹白露宫坐落于枫丹白露镇上，是800多年前路易六世下令修建的古堡，历代君王都曾按照自己的喜好改建过它。但在这里留下痕迹最重的是国王弗朗索瓦一世。

弗朗索瓦一世在位时，欧洲正如火如荼地进行着文艺复兴，当他接触到文艺复兴艺术风格后，便痴迷于此一发不可收拾。于是从意大利请来了大批艺术家设计、修建、改建、扩建、装饰法国的宫殿，枫丹白露宫就是其中之一。沉浸于文艺复兴的弗朗索瓦一世显然并不喜欢枫丹白露宫中世纪风格的模样，于是对它进行大肆改造。经过这番折腾，枫丹白露宫才开始变成现在我们看到的华丽模样，其中最具这位君王个人代表性的就是"弗朗索瓦一世长廊"。

一个国家的统治者的举动总是对后世有着不小影响的，弗朗索瓦一世当初一定没有想到，后来这些由枫丹白露宫开始服务于宫廷的艺术家们形成了一个流派——枫丹白露派。这个派系中有一幅非常著名但已无法追溯画家身份的代表作，全名特别长，简称《维拉尔公爵夫人的画像》，画面内容需要打马赛克，现收藏于卢浮宫。

拿破仑做皇帝时，将枫丹白露宫变成了自己的皇宫，与皇后约瑟芬一同住在这里，并按照他们俩的喜好重新装饰了枫丹白露宫。最具拿破仑个人特色的是，他把过去法国皇帝的卧室改为"御座厅"，放床的地方改放一把华丽的椅子。后来拿破仑战败被逼退位，在这里签下退位书，签字的房间叫作"退位厅"。随着一代枭雄退出世界政治舞台，枫丹白露宫作为法国宫廷的历史也步入终结。

我住在枫丹白露镇上一栋200多年的老建筑里，酒店的名字叫"乐德姆杜帕科"（La Demeure du Parc）。清晨吃过早饭后，我步行前往枫丹白露宫，镇上的商铺还没开门。我跟随第一批游客从宫殿侧门进入，游客人数不多，很快就散开了。在巨大的宫殿中走着，很难遇见别人。

一位老先生戴着工作人员的袖章，穿着西服，背着双手，站在远处笑着对我说话，我摇摇头表示听不

▲ 枫丹白露宫

懂法语。他依然笑吟吟地走过来，直接牵起了我的手，领着我往错过的方向走去。我被小小地吓了一跳，但碍于是位老先生，便硬着头皮由他牵着我走了。原来，他见我错过了一座美丽的教堂，着急带我过去看。看到教堂美丽的穹顶时，我情不自禁"哇"地赞叹起来，老先生脸上写满得意，一副"你看，我没带你来错吧"的骄傲神情。

古老的建筑经历世纪更迭仍然屹立在我面前，屏住呼吸放慢脚步，听着枫丹白露宫里响起的音乐，静静地注视它，我知道自己正在窥探早已流逝的几百年历史，心中万分感慨。

◀ 我把在法国旅游积攒的门票做成了挂画

让人又爱又怕的艺术高地

过去的蒙马特高地是巴黎社会最底层的人生活的地方，小偷、酒鬼、妓女以及穷困潦倒的艺术家们聚居于此。如今的蒙马特早已不是贫穷的代名词，但依然是巴黎治安相对糟糕的地区。一位住在蒙马特高地的朋友反驳道："我在这里住了两年，什么事都没发生过啊！"我看着身高一米八二、满臂刺青的他，叹了口气。尽管如此，我还是鼓励你们来看看这个让人又爱又怕的地方，不用太担心，只是需要留意财物别被小偷扒了去。

巴黎的三个制高点，除了埃菲尔铁塔和蒙帕纳斯大厦，剩下那个便是蒙马特高地。电影《红磨坊》里，伊万用打字机敲下的那段悲剧爱情故事就发生这里，如今红色风车依然傲立在蒙马特灰白现代的楼房之间。

当年那群还未发迹、饿得偷面包的画家们大都聚集在此，我可没说毕加索，毕竟已是年代久远的传说了。这群作风各异的艺术家全都住在一个叫"洗衣船"

▲ 蒙马特高地临街小咖啡馆

的破楼里,凡·高、雷诺阿、德加……将当年这些人之间发生的故事写成书,那不知道多厚一本。要是"洗衣船"没有在火灾中毁于一旦,现在一定是艺术界的朝圣之地。

虽然后来艺术家们逐渐转移到了左岸,但蒙马特高地的艺术气氛仍在小丘广场上延续着。它被坐满游客的咖啡厅包围,面积不大,种满了不知名的树,画家们在茂密树枝下支起木架挂上自己的作品出售。朋友告诫我,如今小丘广场上的画作都是为游客准备的,买画有更好的去处。我没有鉴别画作优劣的能力,选了一个风格最合眼缘的摊位,与画家攀谈起来。戴着眼镜的老先生头发雪白,是一个香港人,很小就来到巴黎,毕业于巴黎美术学院,后来去过日本又再回到巴黎。画家的普通话说得磕磕绊绊,翻开报纸努力向我展示自己的成绩,告诉我他的作品曾经获得某年巴

▲ 小丘广场上的画家

▲ 我买下了香港老先生的水彩画

巴黎

"爱是无秩序,但放手去爱吧!"

黎市政府颁发的奖项。聊到尽兴我便买了一幅老先生的水彩画,画的正是小丘广场,我自己非常喜欢。

画中小丘广场背后大圆顶的建筑是圣心大教堂,它通体纯白,在蒙马特高地的制高点伫立,游客们来到这里大半是为了登高远眺。

教堂脚下一个街头小公园里,有一面用蓝色瓷砖拼组的墙面,吸引了世界各地的恋人前往,这是多年前一位音乐家设计的。蓝色墙面上,用几百种语言写上了同一句话——"我爱你",当然有中文的,你得费些眼力才能找到。墙上原本画着一位穿着蓝色礼服的女郎,身边写着一句话:"保持理智,切勿强求。"不知中途发生了什么样的故事,这幅画被擦掉又重新画上,蓝色礼服女郎身边的字改成了:"爱是无秩序,但放手去爱吧!"我猜,他或许是因为自己的理智,而失去了一位心爱的姑娘。

巴黎的秩序

朋友知道我要去法国，托我替他带一块表去修理。这表本身并不值钱，但是他爷爷留下来的物件，估计有近百年历史了。其实表并没有坏，只是表镜有裂缝，有些老旧。因为是爷爷的遗物，朋友非常宝贝那块旧表，生怕被技艺不精的修表匠给整坏了，特意让我带去巴黎修理。我也不清楚欧洲修理旧表是不是比国内更专业，但一口答应了。

对于巴黎的修表铺我是一无所知的，只好询问一起工作的当地朋友，他们大多是在巴黎待了不到十年的艺术生，平时少有接触这一行当，自然不清楚。但我们请的华人司机大叔，是个移民法国多年的"老巴黎"，他说："我有个朋友是开修表铺的，要不要介绍给你？"我当然求之不得，要了联系方式，自己找了过去。

这个修表铺在巴黎七区，店面不大，但墙壁上、柜子里摆满了各式各样的钟表。我推门进去时，修表

▲ 修表师傅陈先生

师傅正低着头给一位法国男子检查他的银色劳力士手表。这位修表的师傅姓陈，是个移民法国多年的香港人，穿着打扮和言行举止都是绅士做派。戴劳力士的法国小哥走后，我表明来意把表递给陈先生，他拿起来只看了一小会儿，很快得出结论：这块表的品牌是英纳格，有接近100年历史，时间走得快了一点点。清洗、校准、换表镜和表带，一共60欧元。但现在店铺里没有可更换的表镜，要后天才有，因为明天他要去教堂，他是天主教徒。

我离开巴黎的航班刚好在后天，来不及取表，于是决定修好后通过国际快递邮寄。陈先生面露难色，说："国际快递费用很高，不划算。"离店后不久我收到陈先生的消息，他说："我找到一块古董表镜，今晚就可以更换。另外，手表要退磁，这个表是不防磁的，

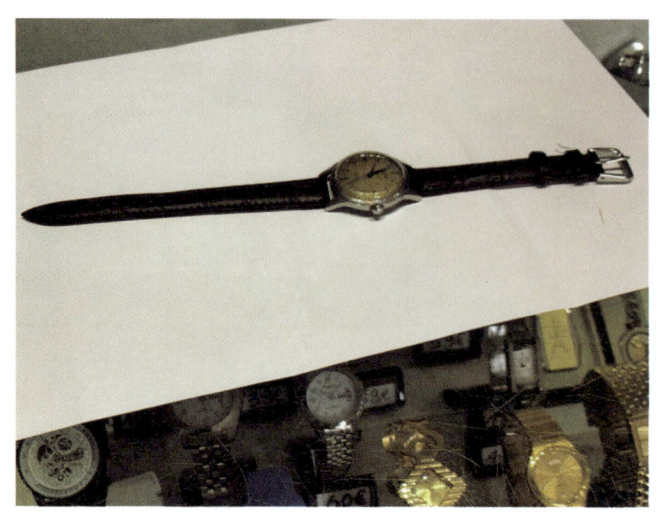

送修的手表 ▶

以及重新调整摆轮游丝（一个调控走针快慢的零件），修理费要再加 20 欧元，一共 80 欧元。修好后，明天早上我们可以约个地方见面，我把表拿给你。"

事情得到完美解决，我们约好第二天早上 10 点在香榭丽舍大街上的麦当劳见面，陈先生去教堂会经过那儿附近的地铁站。

第二天一早，我生怕自己迟到，便提前很久从酒店出发，万万没想到，地铁竟然罢工了！我离凯旋门还有三四站路，算算时间，立刻跑过去应该不会迟到。于是，一位平日里极其注重体面的女青年，在巴黎的街道上狂奔起来。如果我穿着运动装，那倒还合情合理，巴黎人挺爱在街上跑步的，可惜不是。我也顾不上太多，迟到一分钟也是迟到，这事决不能发生在我身上。跑到凯旋门时，我停下来调整呼吸，疾步向麦当劳走去，到场时差几分钟到 10 点，陈先生也刚到。

离陈先生去教堂还有一点时间，我们点了咖啡和果汁坐了下来。我已经记不清上一次进快餐店是哪一年了，没想到在巴黎跟一位绅士约着见面，竟是在麦当劳。陈先生坐下后将一个精致的绒盒递给我，手表被装在里面，我仔细看了看，修复得非常漂亮。

两个人聊起天来，陈先生向我讲起自己的经历。他年轻时想要离开香港，就来了巴黎。他最初的专业是什么我有些记不清了，好像是金融方面的。到了巴黎之后，他在一个知名的制表公司工作多年，积累了制表业的知识和手艺。之后开始对摄影感兴趣，学得很快，一度替人拍摄婚纱照，后来还办过摄影展。但最后还是又回到老本行，自己开了铺子修理钟表。移民欧洲的华人我接触过不少，这位陈先生是最彬彬有礼的那一类。我们在麦当劳告别之前，他礼貌地询问我："安小姐，您是要留着我的微信，还是觉得删掉比较好？"我赶紧摆手说："为什么要删掉？我们以后就是朋友啦。"这真是一位严谨的绅士啊。

很庆幸没有因为地铁的罢工而迟到，对这样的绅士来说，迟到绝对是极不礼貌的行为。说起法国的罢工，真是让人无可奈何。但当地人早就习惯了，三天打工两天罢工，这是稀松平常的事。我还算幸运，几次遇见地铁罢工情况都没有很糟，有时地铁坐到罢工路段被迫下车，工作人员会组织所有乘客前往公交车站换乘，地下交通罢工，地上交通继续负责，罢工罢得还算有责任心。有些朋友遇到航空公司罢工，可就是倒了大霉了，航班说取消就取消，没有人负责。

罢工通常还伴随着抗议活动，法国人对这也是见怪不怪。但没有见过世面的我，有一次被巴士底狱附近声势浩大的抗议活动给惊呆了。本来在那儿附近看展览，出门时发现街巷里突然站了许多防暴警察。好奇的我走上勒努瓦大道，向巴士底狱广场望去。好家伙，这里仿佛聚集了全巴黎的人，满满当当，拥挤不

Jiayun DENG/ 摄

▲ 看"热闹"

堪。人群中最显眼的是踩着高跷的一男一女，女子穿着比基尼，男子赤裸上半身，身上挂着怪异的披风，嘴里高喊我听不懂的语言。巴黎人仿佛将这一切视作一场嘉年华，吹拉弹唱地在广场上闹腾着，而远处全副武装的防暴警察们则冷眼旁观着这一切。

写到这里时，2018年年末的巴黎正处在一场新的抗议活动中，但这次的情况似乎失去了控制，香榭丽舍大街上浓烟滚滚，凯旋门博物馆被打砸抢，法兰西共和国的象征玛丽安娜（Marianne）的雕像被敲碎了半张脸。我在国内的新闻媒体上眼睁睁地看着，无限惋惜。

圣旺跳蚤市场惊魂记

在这里写到这些事，这本书一定不能让我爸妈看到。

法国的安全问题早已是老生常谈，即使是没有去过法国的人，也大多对巴黎糟糕的治安有所耳闻。所以不管是出于安排游览景点的需要，还是出于对安全的考量，首先必须了解巴黎的分区。我现在说的这个分区不同于交通地图上的分圈，不再是1~5圈画的同心圆，而是以卢浮宫所在区域为圆心，顺时针按数字1~20的顺序螺旋状排开的区域。

有个比较笼统的说法，编号数字越小的区越为中心，治安当然也就越好；编号数字越大的区，危险指数越高。但这也并非绝对，1~8区虽然治安良好，但热门景点大多集中于此，游客众多，自然坑蒙拐骗偷也就层出不穷。但类似抢劫这样的暴力案件主要还是发生在数字大的区域，尤其是18、19、20这几个区，治安差到本地人也不敢掉以轻心。

在下就英勇无比地去过 18、19、20 这三个区。

18 区是蒙马特高地所在的区域,那里有圣心教堂、小丘广场和爱墙;20 区的拉雪兹神父公墓,很多名人葬在这里;19 区,这个安全指数跌破表的区域,我是地铁坐反了方向无意中去的,发现来错地方时正是中午,心一横就出站吃了一顿午饭。所幸无碍。

除此之外,我还去了一个一言难尽的地方,18 区以北 93 省的一个地方。这里已经出了小巴黎的范围,极其混乱。

我为什么要去这个地方呢?这里有欧洲乃至全球最声名显赫的圣旺跳蚤市场,它就是"跳蚤市场"一词的来源。伍迪·艾伦的电影《午夜巴黎》也曾到此取景。这对文艺女青年来说可是致命的诱惑,抱着一丝侥幸我便去了。

我很想跟你们描述一下琳琅满目极为壮观的圣旺跳蚤市场,并得意洋洋地公布照片展示我在里面淘到的二手宝贝。可惜我并没有见到它,哪怕我其实已经站在了它的面前。

事情是这样的。

我从蒙马特高地出发,这里根本不给我任何掉以轻心的时间,刚出地铁站还没来得及喘气,就看到光天化日之下的街道上,三个黑人围着一个年轻的白人小伙,让他打开背包。被抢者情绪稳定,一副逆来顺受的样子,任凭他们翻着他的背包,抢劫他的财物,仿佛来之前就做好了"路过这里就一定会被抢"的准备。

当时的我背着双肩包,身上还赫然挂着一个外地游客标配——单反相机,从他们四个旁边擦肩而过。目睹这一切的我吓得魂飞魄散,面不改色地加快了脚步,即刻决定返回。我生怕他们追上来抢劫,但又不敢回头看一眼。

不远处有个地铁站入口,这个肮脏的地铁站入口此刻就像救世主一样光芒万丈,我一路小跑着赶过去,急忙下楼梯。可短暂的圣旺跳蚤市场之行就像一部优秀的恐怖片,高潮迭起全程无尿点。

那天我的包里插着一个画筒,装着我在蒙马特高地买的一幅画。画筒很长,下地铁口的楼梯时轻轻碰到了一个吉卜赛女人。我本没放在心上,淡淡地说了声"sorry"就继续往下走。没想到这女人突然冲了过来,跟在我背后,嘴里大声叫嚷着我听不懂的语言。

我知道巴黎的很多吉卜赛人做着坑蒙拐骗偷之类的事,所有人都告诫我要远离他们,于是我没有回应继续快速往下走。眼观六路耳听八方的我,留意到检票口几个靠墙站着的吉卜赛男人先是看着我,又往我身后看去,而我身后紧跟着吉卜赛女人。

我认为很大可能这帮人是一伙的,几个靠墙站的男人假装漫不经心地向我走来。我一看这阵势,也顾不上体面了,随即撒腿开跑,快速地通过检票口,想都不想就钻进面前那列不知开往何处去的列车。

以为可以松一口气地回头一看,那几个吉卜赛人也跟进了车厢。我一边想着他们都是办了地铁月票的吗,每天在这里坑人,一边快速地向前面的车厢移动,试图离他们远一点。来到一个白人男子乘客很多的车厢,我停了下来,站在一位看上去最像好人的男士身边。这位男士拎着公文包,皮鞋干净,手里捏着一本书,个头不小也不瘦弱,看上去不像怕事的人。我观察着后面车厢里的吉卜赛人有没有跟上来,心里准备着向这位男子或者车厢里所有人求助,同时默默地估算着自己身上的财物以及立刻把护照与财物分离。所幸最后那几个吉卜赛人没有再跟过来。

后来巴黎当地的朋友听说我去了那地方，吃惊地说："那地方只要不是杀人放火警察都懒得管，你一个亚洲女生这样都没被抢也真是运气好。"

道理我都懂，可真的还是好想去一次圣旺跳蚤市场啊。或许下次找几个本地朋友结伴而行吧。

看完我的"圣旺跳蚤市场惊魂记"是不是让你对巴黎充满了恐惧，甚至打消了自由行的念头？虽然我不是危言耸听，但你也不必太过害怕，在凯旋门、卢浮宫、埃菲尔铁塔之类游人如梭的热门景点，发生暴力犯罪的概率还是相当之小的。

但在这些热门景点附近，偷摸之事仍是防不胜防，不仅游客是小偷的目标，一些本地人也会成为目标。我的朋友与一群巴黎人在铁塔下的草坪上野餐时，几个人放在餐垫上的手机被一并顺走；几个人在餐厅吃顿饭的工夫，装满摄影器材放在脚边的背包就不见了。

以前巴黎的警察很懒散，偷盗在他们眼里更是懒得管的小事。现在巴黎政府看上去好像上了些心，人如潮涌的景点附近甚至还安插了装扮成游客的便衣警察，我笑称这为法式反扒大队。

其实只要你稍加留意，便能大致分辨出混在游客中的哪些人是小偷。有时走在街上就感觉到某个人跟在我背后且离得很近，若我故意放慢速度让他超过我，他便会再次减慢速度回到我身后。这样技艺拙劣易于发现的小偷满巴黎都是，再过十年二十年，巴黎政府还是管不过来。遇见也不必害怕，他们也只敢偷摸，咱们的对策有的是。

有一次我和朋友在铁塔附近坐公交车。上车时留意到一个吉卜赛男人，明明走在我前面，却故意磨蹭了一下，排到了我身后。我是一个非常警觉的人，开始留意这个人。果然不出所料，很快感觉到他在拉我背包上的拉链，那力道之大，让我深为巴黎小偷的技术感到担忧。咱们国内的小偷盗人于神不知鬼不觉，等你发现东西丢了时，他们都转了好几次手了。

虽然感到他在拉动我背包的拉链，但我并不担心，因为我事先早已做好了防盗准备，包里只有一条厚围巾，钱、银行卡、护照都放在了背包的夹层，紧紧地贴着我的身体。于是我也没有与他正面冲突，只将背包换到身前假装翻找公交车票，打断了他的动作。

上车之后，我们站在车厢中间面对中门靠窗的位置，吉卜赛男人坐在中门第一排，离我很近。他的旁边坐着另一个吉卜赛男人，我突然发现，这两个人好像是一伙的。于是面带微笑假装愉快地聊天，将这一切告诉了朋友。朋友也立刻警觉起来，对我说："你不要回头啊，我看见他们俩一直盯着我们。"我并不太紧张，公交车上这么多人，他们俩还能明抢不成？其间我还拿起手机拍摄窗外的摩天轮。

令我开始感到事件紧急的是，公交车停靠途中某一站时，因为刹车我身体往前倾斜了一下，两个吉卜赛男人误以为我们要下车，于是也准备起身。当我又站好靠回车窗，他们俩便立刻又坐下了。这个小小的举动被我看在眼里，我立刻明白，这是盯上我们了，会跟着我们俩下车。那时天色已经开始变暗，我心里隐隐不安，小偷不怕，但我怕他们会尾随实施抢劫。

这时我仍然假装轻松地有说有笑，打开手机的拍照模式，放在耳边一边假装与人通话，一边用摄像头对着那两个男人，用侧面的音量键拍下了他们俩的模样。随后立刻把照片发给几位朋友，告诉他们我遇到的情况。如果出了什么事，这张照片或许会帮助警方更快地找到这两个人。

我的同伴是位雷厉风行的职场女性，她听我说怀疑这两个吉卜赛人可能会跟着我们下车，于是走到司机身边，对司机说明了情况，请他留意，如果我们下车时被那两个吉卜赛人尾随，请他打开前车门让我们俩再上车。司机听罢立刻扭头看了他们俩一眼，神情严肃地点头表示配合。

司机先生这一回头，两个吉卜赛男人显然知道自己已被发现，下一站停车便下车了。他们俩一下车，司机先生特别得意地回头咧嘴冲我们笑，举起手来比了个"OK"的手势。我们俩连声道谢，车厢里的人面面相觑一脸茫然。

这些人你需要注意！

巴黎小偷的偷盗技艺不精，但骗术可谓是五花八门。主动教你买车票的、帮你拎行李的、请你帮他们拍照的、问路的、搭讪的、乞讨的……统统都有可能是小偷团伙为了转移视线假扮的，趁你不注意盗走你的财物。

遇到满脸微笑的非要送你手绳，嘴里还一直念叨着"free"（"免费"）的人，不要相信。你一旦戴上手绳，不给钱走不了，而且很可能价钱还不低。

以请愿书或市场调研等名目找你签字的人，看上去还很体面，但无论如何都不要签，哪怕他们嘴里也强调着"free"。在你签字时，他们的同伙会围着你趁机偷盗，或者签完后对方要求你捐助，不给就一直缠着你。

还有，路边摆摊的赌博游戏，你可永远别想在他们的摊位上赢钱。

自驾游客更要小心

下车上车就得落锁，这是铁打的纪律。在偏僻的地方，途中遇见障碍得留神，很可能是不法分子为了迫使司机下车察看而人为制造的，好趁机夺走车里的财物。

砸窗取物更是屡见不鲜。人离开汽车就一定要清空所有物品，哪怕将车停在光天化日下的公共停车场。在南法时，我开车从马赛前往尼斯，途中会路过戛纳，想着中午去戛纳吃个饭。动身前一晚搜了搜戛纳的去处，却看到这样一条新闻。

不久前一个姑娘和朋友租了辆 MINI COOPER 在南法自驾游，将车停在戛纳海边的公共停车场。返回时车窗被砸得稀碎，车内两个行李箱、苹果手机和平板电脑以及所有衣物和不值钱的玩意儿都被偷得干干净净。

但法国警察不出警，要求她们自己开车去警局报案。警局会说英文的警察已经下班回家，交流有碍，警察竟让她们第二天再来报案。后来还是一个前往警局交罚单的会说英文的姑娘帮忙翻译。

看完这则刚发生不久的新闻，我决定放弃走红毯的机会，直接从马赛前往尼斯。

酒店就绝对安全了吗？

答案是否定的。

某一次我在网上预订法国南部尼斯的酒店，一家酒店的评论区里赫然挂着一段评价，大意如下：这个订单的客人某天回到酒店，发现两个原本锁上的行李箱都被撬开了，里面的贵重物品被洗劫一空，但房间门锁完好无损，客人怀疑酒店跟当地犯罪团伙勾结。这不是我第一次听说酒店与当地犯罪团队勾结。

我住酒店通常会选择位于市中心的品牌酒店，划重点——"市中心""品牌"。一是交通便捷，二是相对安全。但夜里睡觉仍不敢掉以轻心。房门一定仔细反锁，门把手上套个玻璃杯，如果有人转动把手，玻璃杯落地会发出声响。我还会拿行李箱和不用的椅子抵住门，就是早上出门时麻烦了点。

说起来有些可笑，我一个人住爱彼迎时，还会翻出厨房的刀，放一把在旁边枕头下。看到这里你们可能会觉得我有被害妄想症，但作为独自出门的女性，怎么谨慎都是不过分的。

关于巴黎治安的总结陈词

如果你问长期生活在巴黎的朋友当地治安如何，有一部分会告诉你："巴黎的治安挺好的呀，没那么夸张。"但是，一个地方的坑蒙拐骗偷主要是针对外地游客，很少找本地人下手，所以本地人很难感同身受。

我一个人走在巴黎街头，如果时间太晚或者感到不够安全，绝不拿出相机，也不好奇地东张西望，摆出一副"我是游客快来抢我"的样子。

我也试过在午夜12点坐地铁。那天夜里和当地朋友聚会，知道自己会很晚回酒店，所以特地先回酒店放下相机和财物，只带了一些零钱，但依然被凌晨地铁站里冲我吹口哨的醉酒青年吓了一跳。

特别警告个别天真的姑娘，不要满脑子想着艳遇帅气浪漫的异国男子。看过《飓风营救》吗？前往巴黎旅游的美国姑娘在机场被搭讪的男人盯梢，涉世未深的她将住址告知了对方，哪料对方专门拐卖女性外国游客，带人闯进房间将她绑架，准备在黑市上拍卖。她爹是连姆·尼森饰演的美国前特工，单枪匹马飞往巴黎，通过一些细微线索在 96 小时之内将女儿解救了出来。

虽然电影有个好的结局，但我们的父亲可不是美国前特工，一旦遭遇危险，很难脱身。自己提高警惕是最重要的，不在危险的时间出门，不去危险的地方。

提醒大家，买好旅行保险，遇到抢劫就双手奉上，回头管保险公司要钱就行了。虽说不一定赔得全，但也能弥补一些损失。如果你胆子够大，弱弱地询问一下对方能否将相机里的存储卡还给你，也是可以的。

我无意危言耸听，但也绝不会因为这是一本关于法国旅行的书，就无视危险一味宣扬法国的美好。我只是将危险的因素一一罗列在各位看官面前。

我在布拉格旅行时，询问房东当地是否安全，她对我说了一句很有哲理的话："陌生就是不安全。对我来说，去你生活的国家，也是不安全的。"

对于旅行者来说，绝对安全的旅途是不存在的，尤其是在法国这样一个治安始终为人诟病的国家。但我们做到事前准备好和途中谨慎，就能避免绝大部分的危险。

小贴士：

1. 牢记当地报警电话。

2. 保证手机通话功能正常，以便紧急情况时报警。

3. 切勿炫富。买了奢侈品找服务员要个白色无商标的口袋套住，不要拎着满大街溜达。

4. 不要轻信任何陌生人，尤其是主动搭讪的。

5. 时刻留意周围情况，例如紧急出口在哪里，身后是否有人刻意靠近等。

Jiayun DENG/ 摄

▲ 巴黎虽美，也须小心

没有最详细只有更详细的巴黎地铁攻略

从机场前往市区

出境自由行最先迎来的焦虑就是从机场到市区的交通过程，因为疲惫的身体还没来得及倒时差就要拖着行李箱开始辗转。坐地铁要是出站时遇见某个老站没有电梯，还得拎着沉重无比的行李箱爬楼梯。尽管我每次都遇见当地人主动帮忙，但还是不愿意折腾，最终选择了一种固定的方式，通过旅行网站海外接送机的服务预订中国司机。从戴高乐机场到巴黎市区，中档轿车的接送价格在人民币350元左右。如果有同行者平摊费用那就更划算了。

关于巴黎地铁你需要了解的

相比国内地铁的干净明亮，巴黎早在一个世纪前就开始发展的地下交通显得老旧、昏暗、脏乱。但正因为很早就开始发展，现在整个巴黎的地下交通用四通八达来形容绝不过分，所以不管是游客还是本地人，绝大部分都更愿意使用地下交通出行。

巴黎的公共交通系统以市中心为圆心向外画为五个圈，圈称为 zone。其中 1~2 圈就是法国人口中的"小巴黎"，邮编以 75 开头，俗称"75 省"，这里是游客观光的主要区域。只有这个范围，才是巴黎人所认同的 Paris。1~5 圈是"大巴黎"，他们称之为 Greater Paris Area，其中包括一些较偏远的景点如迪士尼乐园、凡尔赛宫、枫丹白露宫，还有戴高乐机场。

地铁线有两种类型。一种是 METRO，主要在 1~2 圈里营运，部分可至 3 圈。另一种是 RER 快线，它覆盖 5 个圈。也就是说，想要从市中心乘坐地铁到凡尔赛宫之类的远郊景点，一定是乘坐 RER 快线，METRO 到不了。

如果每天都会在各大景点之间奔走，那么购买 Paris Visite 比较划算。目前 Paris Visite 有一日票、两日票、三日票和五日票（连续日）。持 Paris Visite，可在规定天数内不限次数乘坐 METRO、RER 快铁、公交车、有轨电车等。Paris Visite 分 1~3 圈票和 1~5 圈票，一张 1~3 圈的 Paris Visite 一日票价格 12 欧元，1~5 圈的是 25.25 欧元。

如果跟我一样每天走动并不频繁，那么根据具体行程购买单程票更划算。如果只在小巴黎范围内活动，则购买 T+ Ticket 即可。一张 T+ Ticket 价格 1.9 欧元，可以乘坐 1~2 圈的 METRO 或 1 圈内的 RER 一次。买 10 张有优惠，一共 14.5 欧元。如果要去 2 圈以外的景点如凡尔赛宫或枫丹白露宫，则点击购买页面上的"Ticket"这个单词，价格是 2.75 欧元。

日票，周票，月票？

除了上述票种外，地铁票还有日票、周票和月票出售。

日票按自然日算，在购票系统上叫作 mobile。1~2 圈的日票价格为 7.3 欧元，如果你一天乘坐四次以上地铁，那么日票更划算。但单程票的时效为两个月，而日票只能当天使用。

令我吃惊的是，周票居然是按日历上的一周来算，也就是有效期是购买当天到本周的周日结束。周票的价格是 22.7 欧元，不分圈。所以如果你的行程恰好在一周的开始，买周票显然划算很多。

如果待的时间更长，可以选择月票，73 欧元，当然也是按日历上的一个月来算的。也不分圈。

但周票和月票都需要到服务窗口提供证件和照片办卡，这个卡叫作 Navigo，可以充值。

以上数据来源于 2018 年法国 RATP 官网，在该官网上也可以购票。

如何购票？

购票的方式主要是使用自动售票机，人工售票窗口不多，我甚至还遇到过一个小站不售票，只有孤零零一台给当地交通卡充值的机器。这些自动售票机因为出产的年代不同，有可触屏的，有不可触屏的，不可触屏的大部分都是使用滚筒和按钮选择，没错，就是滚筒，你去了就知道。大部分售票机都能收现金和刷卡，但它们偶尔会"看心情"只接受其中一样，有的只收硬币，有的只能刷卡（只能是 Visa 的芯片卡），有的只收纸币。

自动售票机全都没有中文翻译，如果你怕临场发挥遇到困难，国内各大旅行网站都有出售 Paris Visite，可以在出行前买好。我曾在网上购买过 Paris Visite 1~3 圈五日票加塞纳河游船套票，价格是人民币 391 元，但需要到卢浮宫旁边一家叫 Paris City Vision Agency 的旅行公司取票。地铁票是一张白色小纸条，长着一副可以随手丢掉的样子。巴黎当地人会为它准备一个小卡包，拿到票之后要写上自己的名字和使用时间。如果不写，被查到后可能会被罚款。

跟在全世界大多数城市一样，如何乘坐公共交通工具，查询手机软件 Google Maps 就很靠谱，它会提供不同线路以及详细的站台信息。这个时代再也没人拿着地图或者交通线路图翻来覆去找半天了。

小贴士：

1. 乍看巴黎眼花缭乱的地铁线路图可能会吓得你倒吸一口凉气，但其实操作简便。站内的标识大部分都清晰明确，不同方向会左右分道，下错入口也不要紧，站内大多都有通道去往马路对面。

2. 除了 RER 快线外，巴黎地铁几乎都是进站验票出站不验，直接推门出去即可。但票千万不要丢，如果遇到查票，没有票会被罚款。

3. 记住一个法语单词——Sortie，这是"出口"的意思，即使有英文标注，他们也很少使用 Exit 表示"出口"。

4. 到站时即使你听不懂广播的站名也没关系，跟纽约一样，地铁站里的墙上写着大大的站名。

5. 巴黎的公共交通几乎都由一家叫作 RATP 的公司

运营，它们的官网可以查到一切你想要的交通信息。官方的手机软件更是值得推荐，叫作 Next Stop Paris。虽然我没有使用过，但替大家看了一眼，内容非常详细，官网和手机软件都有中文。

Jiayun DENG/ 摄

▲ 巴黎街头

自驾其实没有那么难

在法国这个西欧面积最大的国家旅行，无论你是前往南方阳光普照的普罗旺斯，还是前往北方寒风凛冽的诺曼底海岸线，自驾都是最佳的选择。这些都不太有难度，但你一定没听说过有人在巴黎市区自驾旅行吧？巴黎市区道路复杂且狭窄，单行线多，停车位少，而且停车费昂贵，就连很多巴黎本地人都对我说，如果能选择，他们绝不在巴黎市区开车。但就是有人不信邪，在巴黎市区自驾了。

没错，那个人就是我。我在巴黎市区自驾过三次。

第一次，在卢浮宫提车，为了省钱租了最便宜的小车，车小不是问题，问题是手动挡。很多年没有开过手动挡汽车的我，取车出来，磕磕绊绊开到巴黎繁华的大街上，熄火了。看了一眼后视镜，在我后面等待的已经有乌央乌央一排车辆，惊出一身冷汗，赶紧点火，突突突地上路。第二次，机场提车直接上高速下乡，道路平坦宽阔，没有难度。第三次，天时地利人和，我居然在巴黎市中心自驾了好几天。

但凡对巴黎动过心思的旅行者，应该都对巴黎的地铁系统有所了解。巴黎的地铁是全球最古老、最复杂、最强大的地铁系统之一，你完全可以只靠地铁游玩整个巴黎，这是最好的选择。但也不排除在一些情况下，你不得不将车开进巴黎市中心，比如提车、换车点在市区，又或者你提到车后不得不将车先放在市区一段时间，再开去别处。我建议对自己的驾驶技术和应变能力不是很有信心的朋友，最好避免在巴黎市区自驾。对于避免不了这点的朋友，我想我或许能以一个在巴黎自驾过三次的"老司机"身份给你一些"不成熟"的小建议。

租车

自驾的必要条件第一条是什么呢？当然是你得会开车。第二就是你得有一辆车。旅游业发展至今，在异国他乡租车这件事已经易如反掌，其难易程度就如上网注册一个QQ账号般简单。

如果不是经费十分有限，建议选择大品牌的租车公司，价格会稍微贵一点，但操作流程各环节的服务都相对更到位，并且一些新款车型会及时更新。

在欧洲，使用手动挡汽车还十分普遍，自动挡汽车的租赁费用要比手动挡高出不少。如果你对自己的车技不太自信，还是多花些钱买个方便，选择自动挡汽车。

建议大家都买全险，价格的确不低，可一旦出了问题，即使购买了基本险，免赔额之外的赔偿金额也是十分高昂的。在加拿大，我租的车曾经在高速路上

Jiayun DENG/ 摄

▲ 租一辆小红车游巴黎

被飞来的小石子打裂了挡风玻璃,那块玻璃若要赔偿,费用可真比全险价格高好多倍,好在我买了全险。还有一次,在法国乡下,车身被铁丝网做的篱笆剐蹭了很长一条口子,也是因为买了全险,心情丝毫不受影响,继续上路。

驾照

2017年2月21日,中国公安部与法国内政部在北京签署驾驶证互认换领协议。双方承认对方核发的有效驾驶证,一方准许持有对方国家驾驶证的人员在其境内直接驾车或者免试换领驾驶证。

以上说明,中国驾照在整个法国都不存在被否认的问题。如果你是去法国旅游、探亲、出差,在法国居留不超过一年的,可以凭中国驾驶证和法国官方认可的翻译件直接驾车，我们管这个翻译件叫"小白本"。这个翻译件目前在很多租车网站都可以免费办理。但它不等同于公证件，更不等同于国际驾照。

加油

高速公路上或乡下小镇的加油站毫无使用难度，停车，选择油枪，加油，结账。这里有两个需要注意的地方：

1. 租车时请确认所租车辆的燃油类型，柴油汽油务必分清。大部分车型油箱盖上会标明燃油类型，但有些车型全身上下毫无标识。
2. 付款方式有两种，一种是直接在加油机上刷卡，一种是加完油到加油站便利店收银台人工结账（也有少数加油站是先付款后加油）。

但是在巴黎市区加油，没有经验的人一定会跟我第一次一样，伤透了脑筋。

如果你是在市区的门店还车，还得满油还车，那不可避免地需要寻找巴黎市内的加油站。如果不是满油还车，你会被扣掉超过油费很多倍的费用。我相信你一定会拿出手机打开地图软件查找加油站，然后跟着导航开到指定位置，但始终没有发现加油站的踪影。这时你又不敢靠边停车，只得不停地在道路上兜圈子找加油站。

情况是这样的：巴黎市区的加油站，很坑人地躲在地下。但我发誓我认真观察过，并没有任何加油站的标识指引开往地下，它只有一个停车场标志P，至少那一次是的。兜了好几圈，我怀疑加油站已经迁址，又搜了另一个加油站，到了导航指定位置我依然看不到加油站的任何踪迹。这时我终于开窍了，心想：莫非加油站在地下？于是看到车库入口便心一横开了下去，果不其然，它就在地下。

高速公路收费

　　巴黎当地老司机出城会选择避开收费站的路线，尽管耗时会长一些。但其实法国高速路的过路费也并非特别昂贵，所以我通常会选择最节约时间的路线。

　　法国高速公路收费方式有以下几种：人工、信用卡、现金、自动扣费（类似国内的ETC）。你得看清楚通道的收费方式，收费站上面都有标识。画着银行卡图案的是信用卡通道，画着欧元或者硬币图案的是现金通道，什么都没画的是人工通道。不要排错了队。

　　有的站取卡后下一站付费，有的站不取卡直接付费。信用卡缴费非常快捷，插卡、收费、吐票，一气呵成。一般来说收费机都支持刷卡和现金，但有些偏远地区高速公路上的旧系统收费机只刷卡不收现金，甚至还读不了欧盟以外的银行卡。

　　我有一次就因为这个问题在法国西北部的一个高速收费站被卡了很久。本来一路都用信用卡付费，所以走了一条只能使用信用卡的通道，偏偏那一个收费机读不了中国的信用卡，又不接受现金，于是我只好打着双闪按呼叫铃与工作人员对话。工作人员叽里呱啦只会说法语，只好再去找了个会说英文的人来。我看着后视镜里在我后面排队的车一辆辆倒车出去，脸红到了耳朵根儿。最后工作人员叫我把现金放在收费机一旁的邮箱里,她远程操作抬杆,但因为无法找零,我只能付整数,多给了好些钱。

如果你也害怕出现这样的尴尬,那走人工通道和现金通道可以避免这个问题。

停车

在法国乡下停车就不必说了,几乎不存在任何问题。但在像巴黎或马赛这样的大城市可就难了。有数据称,在巴黎找停车位平均需要花费 21 分钟。

首先,在路面停车,越靠近市中心越难,几乎都是侧方位倒车停泊。车与车之间挨得特别近,很考验车技。路边有缴费机,缴费后将小票留在挡风玻璃处以供检查。但为了不让人占用车位太久,一般一次只能缴 2 个小时的停车费。

但我想如果不是本地人,你应该很难在路面找到停车位,所以还是讲讲车库吧。

车库入口很窄,有的左边进,有的右边进,难以捉摸,只能自己看清标识。"入口"的法语是 Accès 或 Entrée,"出口"是 Sortie。法国车库很少有自动识别车牌系统,得手动取票。离开车库前将票插入收费机缴费后再离场,或直接到出口处插入票据缴费。

停车费用无论在地面还是车库都很贵,尤其是车库。我停的 Indigo Parking 每晚 36 欧元左右,不过很多车库都有连续多天的停车套餐折扣。

小贴士:

1.停车票最好随身携带。有些停车场管理严格,下车库需要停车票感应才能开门。

2. 尽量不要将车停在路边过夜，选择停车场是相对保险的方式，但仍然不要留贵重物品在车内，停车场内被砸玻璃的事情也有发生。

3. 地面画着轮椅的是残疾人车位，不要占用。

行车注意事项

法国跟国内一样开车都是左舵，交通法规相似度很高。以下是需要注意的事项：

1. 实行让右原则，也就是在没有信号灯控制的情况下，右侧来车无论转弯或直行都要让它先行。但如果右侧路口地上有白色实线，直行车辆优先，右侧优先原则取消。如果你不太确定，那让一让总比抢先好。

2. 法国环岛特别多，出口也很随意，不像国内环岛一般都是4个规整出口。特别是凯旋门大转盘，它有12个出口，转盘内地面上没有画线，车流量特别大，所有车辆堆积在转盘中间任意穿行，发生碰撞根本无法判断是谁的责任。这很考验驾驶者的技术和心理素质，猛踩油门、猛踩刹车是家常便饭，大家都得博出位才能下转盘，没有人会让你。我尽量贴着外圈走，到了出口好下道。但12个出口彼此挨得很近，道路也不规整，导航无法精准定位，所以你得看清楚路牌再出。走错了也没关系，大不了掉头再进一次转盘。

3. 法国人开车普遍超速。如果你按限速走，他们会像幽灵一样紧贴在你身后，也不按喇叭催促，只是挨得极近给你压力。但在巴黎市区不存在这个问题，因为大家都快不起来。有时候步行30分钟的路程，开车也要

30分钟。

4. 转弯让直行，车辆让行人，这些规则他们遵守得比我们好。但总的来说，巴黎的司机驾驶习惯并不是很好，这恐怕是很多大城市的通病。所以过马路时仍需留意机动车，不要觉得西方发达国家的司机一定会让你。

5. 留意右侧道路上有无"BUS"标识，那是公交车道。

6. 见到"STOP"标识，无论有无信号灯，停车观望没有来车再走。

7. 没有紧急情况不要鸣笛，法国司机几乎从不鸣笛。我在收费站被卡住好几分钟，后面堆积了许多车辆，竟没有一个司机鸣笛表达不满。

8. 如果你临场什么都不记得了，那就尽量开慢一点。

跟着我住巴黎

埃菲尔铁塔景观房固然是巴黎住宿最经典的选择，但铁塔附近的住宿其实离大部分景点都不算近，我更喜欢住在 Châtelet-Les Halles 车站附近。这个站是巴黎市区最重要的交通枢纽，地下是好几条 RER 和 METRO 线路的中转站，地上是商业中心。

Les Halles 几乎可以算是巴黎市的正中心，各色人种会集于此，略显嘈杂。加上这些年经历过几次剧烈重建，本地人对它并无好感。有人说由于这里不太好的治安和复杂的地下通道，几乎每个初到巴黎的人都曾经遭遇过 Les Halles 的"戏弄"，而 Châtelet-Les Halles 车站被形容为这场"灾难"最典型的代表。

不知是否因为我适应能力够强，我从未体验到这里的糟糕，反而深感游刃有余。这里有极为便利的交通、性价比高的酒店，满街咖啡厅和各国风味餐厅，到蓬皮杜中心只需步行几分钟，晚饭后沿着塞纳河散步就能轻松抵达圣母院所在的西岱岛。

巴黎馨乐庭顶级酒店
Citadines Les Halles Paris

酒店标四星。每晚价格人民币 1300 元左右，客房服务需额外收费。

位置很好，大堂门外就是 Châtelet-Les Halles 车站的一个入口。

这个酒店属于长住型酒店，房间内配置了小厨房，橱柜里有不少餐具，热水器、熨斗等小家电都有。适合到巴黎出差时间较长的商务人士，或者旅行时间较长的家庭。

房间大小合理，装潢陈设普通，相当于国内三星标准。

斯诺布艾力甘西亚酒店
Snob Hotel by Elegancia

酒店标四星。每晚价格人民币 1200 元左右。

这是一个装饰风格非常浓厚的酒店，我本来不太喜欢。或许是酒店工作人员上传数据时出了差错，我当时以每晚 1200 元的价格定下了该酒店面积 25 平方米的大房，原本这个价格只能预订 11 平方米的小房。

在这寸土寸金的巴黎市中心，25 平方米的房间，可以说大到令人惊奇了。满腹狐疑的我到酒店登记入住，前台工作人员果然给了我一个 11 平方米的房间。打开房门的那一刻，既在意料之中又深感失望，于是返回前台，出示订单上标注的房间面积信息，前台这才"恍然大悟"地给我换了 25 平方米的大房。

有了一个行李箱能随心所欲地打开摊在地上的大房间，其他也没什么好挑剔的了。不过这样的机会恐怕再难遇到了。这酒店位置也是不错的，楼下餐厅聚集，附近就是 Châtelet-Les Halles 站。

巴黎星辰凯悦酒店
Hyatt Regency Paris Etoile

酒店标四星，到底是品牌连锁，这是我在巴黎住过的质量最稳定的四星。铁塔景观房，每晚价格人民币 1600 元左右。

位置稍微有些偏，从凯旋门往西北方步行还需 10 多分钟。但交通便利，酒店大厅连通隔壁商场，从商场负一层可以直接进入地铁站。酒店没有停车场，停车需到街对面的 Indigo Parking 停车场。

房间不大，但铁塔景观房窗外便是最具巴黎特色的风景。从日出到日落，掀开窗帘，铁塔便巍然屹立在眼前，我住在这儿的某天夜里，远处天空还绽放了亮粉色的烟花。这恐怕是在巴黎能订到的性价比最高的铁塔景观房了。

爱彼迎
Airbnb

这是我在巴黎住过的最令人怀念的一套房，说怀念是因为这个房源已经下架。当年的价格是每晚人民币 1000 元左右。

▲ 凯悦酒店铁塔景观房窗外景色

法国人的时间观念是出了名的漫不经心，在依旧寒冷的四月天里，我拖着行李箱按时到达楼下等候，房东却姗姗来迟。我在冷风中坐在行李箱上，开始生闷气，但这些许不快在进门看到房子后随即烟消云散。

这里到铁塔步行只有10分钟的距离，是宁静街区的一栋三层楼房，两道门禁，老式的手动拉门电梯。房子大概40平方米，全新装修，干净明亮，家具、家电、烹饪工具应有尽有。

推开窗户，巍峨的铁塔就在不远处，楼下超市、餐厅、面包店一应俱全。下楼去超市买来蔬果和酒，用自带的底料煮了火锅。楼下天主教堂的整点钟声在巴黎微醺的气氛中轻轻振荡，夕阳将铁塔的天空镀了一片暖黄，很快，这片暖黄就变成了沼泽地里鸢尾花瓣的幽蓝。

我一位朋友跟我讲到过她在爱彼迎订房的省钱方

巴黎

法。跟房东在平台沟通时交换其他联系方式，然后不通过爱彼迎平台私下订房，这样可以省掉爱彼迎的服务费。服务费的确不便宜，但我建议大家不要这样做，私下交易有隐患，平台能提供一定程度的保障。

我曾经预订了伦敦考文特花园附近一处位置非常好的房源，临出发前两天，房东突然发邮件跟我说："很抱歉我的房子有点问题，不能出租给你了，我再提供另外两个房源供你选择，同时赔偿你100欧元。"

我看了看她发来的另外两个房源的链接，一套属于合租，我不会选择，另一套虽是整租，但位置很偏，这两个选择我都无法接受。看到房东极力劝说我更改房源："Both flats are nice and spacious."（"这两套房子都很棒很宽敞。"）我哭笑不得。推测她不是因为房源出了问题无法租给我，而是有人私下出更高的价钱，或是来了做客的亲友吧。

我发邮件回复她，用词礼貌地表示谅解，并告知她我对另外两套房源不满意，希望取消订单。房东很愉快地回复我："好呀，没问题，你随时都可以取消订单。"

那是我刚开始接触爱彼迎不久，第一次遇到需要取消订单的情况。然而我不知道，这个房源房东设置了严格退订制度，如果由我取消订单，已付的全额房费绝大部分都会被扣掉。我在伦敦住7天，房费是一笔不小的费用，发现这点时我立刻向她提出，应该由她来取消订单。当然，房东取消订单，也会被扣走一大笔钱。

没想到，我发完邮件之后，原本通情达理、礼貌热情的房东便消失了。连续发了好几封邮件询问，都如石沉大海般杳无音信。眼看出发迫在眉睫，我只好

尝试联系爱彼迎的客服。

几年前爱彼迎刚在国内市场起步，官方客服甚至连电话都没有，只能通过邮件联系。我写明事件的来龙去脉，将邮件发了出去，心里预估还会与官方客服有几个来回的交流。没想到爱彼迎以迅雷不及掩耳之势回复我说："我们查阅了您与房东的交流信息，替您取消了订单，未收取任何费用，房费将按您的付款途径全额返还。"

以上是我不赞成私下与房东发生交易的原因。一旦失去平台的保障，房东便可以无所顾忌，租客完全陷入被动，不仅权益无法得到保障，甚至还存在安全隐患。

跟着我啖巴黎

在法国用餐，有两个明显区别于国内的特点。

第一个是慢。法国人用餐那是出了名的慢，不管是服务员还是客人，全都慢条斯理。要有心理准备，服务生叫了许久都不理你，即便你是要买单离开，他们也根本不着急为等候的客人腾地儿呢。所以在法国旅行，你得在行程中为用餐预留足够的时间，想要在半个小时内快速地解决一顿饭立刻赶路的话，那就选择快餐吧。或许这种慢，正是造就法式优雅的一部分。毕竟，慌慌张张的很难做到从容体面的。

第二个就是挤。除开高级餐厅不谈，法国街头巷尾的大部分餐厅座位都靠得很近，用餐的顾客自然也靠得很近，旁桌人说了些什么听得清清楚楚。餐桌也通常很小，尤其是咖啡馆。你看路边咖啡馆的小圆桌，有时两个人各自点一杯咖啡，再来份甜品，便已摆得满满当当，我始终怀疑下一秒就会有餐具被打翻下桌。

但无论是慢还是挤，法国人却都乐在其中呢。

巴黎咖啡馆

在巴黎的街头巷尾，除了地铁站入口外，最不缺的就是咖啡馆。夸张点形容，你站在街上，视力所及的地方，必定会有至少一家咖啡馆。有一次我问一位曾经在法国留学的朋友，有没有特别值得推荐的咖啡馆。这显然是个潜心钻研学业的好学生，不太外出，他告诉我："巴黎满街都是咖啡馆，随便找一家啊。"

还真不是随便哪家都值得推荐。即使在巴黎，这个有着举世闻名的咖啡文化的城市，让你踩雷的咖啡馆也比比皆是。有些看上去还不错的咖啡馆一反巴黎优雅常态，十分不讲究，连杯垫也不配上，直接端来咖啡杯，喝上一口，寡淡如水。

想避开这些坑，不做功课可是不行的。

我每次去巴黎，都会刻意寻找一两家历史悠久颇负盛名的咖啡馆，欧洲最不缺的就是百年老店。一扇不起眼的门后面，很可能还放着当年某位大文豪伏案书写旷世巨作的老桌子，没准桌面还被他的烟头烫了道疤。不必怀疑，此刻你坐下的角落，一定也曾被某位家喻户晓的历史人物坐过，或许他的名作至今还出现在你的国度的中学课本上。

但巴黎本地的朋友对此嗤之以鼻："这些咖啡馆里都是游客，人又多，东西价格又贵。"的确是这样。要想在这些知名咖啡馆找个位置坐下，你得赶早，并且食物的价格也比普通咖啡馆贵至少两倍。但我们本来就是游客啊，为什么要排斥别的游客呢？多花点钱体验经典本来就是游客做的事嘛。

花神咖啡馆
Café de Flore

花神咖啡馆，绝对是全法国最声名显赫的咖啡馆，没有之一。我或许还有所保留，花神的官方介绍可丝毫没有在意谦虚这回事，称自己是全世界最著名的咖啡馆，也没有之一。

花神咖啡馆开业于1887年，得名于当年门口一尊古罗马女神花神（Flore）的雕像。在这100多年的历史里，生活在巴黎或到过巴黎的作家、画家、哲学家、政治家、明星，很难找出一个没有光临过花神咖啡馆的，其中最著名的中国客人是留法时期的周恩来和徐志摩。

还有那对闻名世界的情侣——萨特与波伏瓦。他们经常早上9点来到花神，开始伏案写作，到了正午出去用餐，下午2点返回花神，与朋友交谈到晚上8点，晚餐后仍在这里约人谈事。跟网瘾少年泡网吧似的，就差睡在花神了。萨特本人这样说道："可能对你来说这很奇怪，但我们都把花神当作自己的家。"

维也纳诗人彼得·艾腾博格（Peter Altenberg）的经典名言用在当年泡花神的这帮人身上再合适不过了："我不在家就在咖啡馆，不在咖啡馆就在去咖啡馆的路上。"萨特与波伏瓦在花神一边谈恋爱一边也没忘了正事，各自完成了职业生涯中的大作，萨特的《存在与虚无》便是在花神完成的，他的存在主义随即诞生。

只要不是暴风骤雨的恶劣天气，花神咖啡馆外印着绿色店名的白色遮阳棚下总是坐满了人。法国人喝咖啡不喜欢待在室内，他们喜欢坐在街边的小圆桌上，面对着街道上来往的行人。

▲ 花神咖啡馆

▶ 惬意的花神时光

花神的官方提示说，在这里点咖啡，如果想要时髦一点，不要说"coffee"，而要说"coffee pot"。这样侍者就会用一个精致的托盘端上来一小壶咖啡和一个咖啡杯。但实际上我使用"café latte"点的咖啡已经足够精致了。

我的"café latte"是这样的：锃亮的银盘上一壶咖啡、一壶牛奶、一只空咖啡杯、一小块砂糖、一杯白水。我对当地的朋友说："法国人喝咖啡就是讲究啊。"朋友笑道："不是法国人喝咖啡讲究，是这样的咖啡馆讲究。"

但这里终年如一日地人满为患，讲究是需要时间的，显然花神的工作人员有些忙不过来。第一次到花神，呈上的咖啡杯上赫然一道口红印子。朝圣的心碎了，我震惊地对侍者指了指这道口红，他用法国人惯有的优雅姿态神情淡定地说了句抱歉，立刻为我换了

◀ 拿破仑蛋糕

个杯子，回来时还很得意，"这次没有口红印哦"。

那时候的花神，绿色的小圆桌上还没有纸质桌垫，现在的花神设计了一款非常精美的纸质桌垫，上面印着在熙熙攘攘的街边坐满客人的花神咖啡馆。好几次我都想去找侍者要一张留作纪念，始终不好意思，你们帮我试试。另外，如果相信我又不怕甜的话，试试它家的热巧克力吧！

双叟咖啡馆
Café Les Deux Magots

如果不是同行之人非要去花神顶礼膜拜的话，我通常会选择双叟咖啡馆。它与花神咖啡馆仅一步之遥，是左岸咖啡文化最杰出的两家代表——我自己说的。

两家咖啡馆有着几乎一模一样的老腔调。海明威、萨特、波伏瓦这些光临过花神的名人也几乎全都在双叟出没过，但不知为何双叟的名气远不如花神。游客们的首选都是花神，在双叟抢占到优越位置的概率更大。如果上午早些来，街边的玻璃房甚至还可以包场。

跟花神一样，双叟的咖啡和牛奶分装在两个小壶里，随咖啡赠送的小块巧克力味道也不含糊。我在欧洲吃得很简单，午餐通常是一道沙拉和一杯咖啡。双叟有一款叫作 perigourdine 的沙拉非常值得推荐，22.5 欧元，里面有长豆角、生菜、烟熏鸭胸肉、鹅肝，全是我爱吃的。

饭后再来一杯拿铁。哦，不对，实际上法国人是不喝拿铁的。如果你在咖啡馆对侍者说你要一杯 café latte，大部分侍者都会直接默认为本地人喝的一种直接混合牛奶的咖啡，法语为 café au lait，意思是咖啡加牛奶。其实味道与拿铁无异，只是没有拿铁的那一层奶泡。但你也不要像在国内点单一样只说 latte，否则他们会为你端上来一杯牛奶，因为在意大利语中 latte 就是指牛奶。你们猜我是怎么知道的？

▲ 双叟咖啡馆

Jiayun DENG/ 摄

▲ 双叟咖啡馆

和平咖啡馆
Café de la Paix

位于巴黎歌剧院门前的和平咖啡馆是过去和平饭店的附属咖啡馆，后来和平饭店改名为巴黎洲际大酒店。这里有与花神、双叟不同款的名人，国人最熟悉的便是作家莫泊桑。相比左岸咖啡馆的文艺气质，高门大户的和平咖啡馆显得富丽堂皇，第二帝国时期的优雅华贵延续至今。

跟国内的咖啡馆概念不太一样，欧洲的咖啡馆大多都是可以用正餐的餐厅。和平咖啡馆倒是有正经拿铁，用一个不太得体的玻璃高脚杯，插着一根塑料质地的搅棒，价格还比花神贵。我只好安慰自己，你看，法国人终于打奶泡了！

法国人通常不习惯餐前喝咖啡，他们会在餐后点杯咖啡坐着慢慢聊天。而我的习惯正相反，喜好在餐前喝咖啡。其实这并不要紧，吃喝这事，满足自己的喜好最为重要。如果你认为破坏了别人的习惯，可以跟我一样礼貌地询问侍者一句："请问我可以在餐前来一杯咖啡吗？"

午餐一整套 menu 是 55 欧元。对，你没听错，是一整套 menu。法国人管套餐叫 menu，一整套可不是点完整整一本菜单的意思，是前菜、主菜加甜品三道式。主菜我特地选择了 suggestion of the day（今日推荐）。没想到上来一道牛排，旁边有一小份我深恶痛绝的东西，叫作 tartare，鞑靼牛肉。这道 tartare 是用生牛肉碎和着调料做成的，有时候还会加颗生鸡蛋。我从不吃生肉，只好让它剩下了。不吃生肉的朋友得狠狠地记住这个单词了，你会在几乎所有法国餐厅的菜单上见到它。

▲ 和平咖啡馆

普罗可布咖啡馆
Le Procope

这个咖啡馆名头可就大了，它是巴黎第一家咖啡馆，开张于 1686 年，距今已有 300 多年的历史。在这 300 多年里光临过的名人比起花神和双叟可就多多了。卢梭、伏尔泰、雨果、巴尔扎克……说出来个个的名字都如雷贯耳。有一个我不太相信的坊间传说，说是伏尔泰当年每天要在这个咖啡馆喝上 40 多杯咖啡。这我是不肯信的。

但可以肯定的是，当年有位年轻军官没钱付账，用自己的军帽做抵押的故事是真的。因为他的军帽至今都还挂在店门口玄关处的玻璃橱窗里，向世界各地的游客展示着主人当年的窘迫。谁曾料到，这位抵下

◀ 内容相当丰富的一道甜品
▶ 拿破仑抵押的军帽

军帽的矮个子军官，日后竟推翻共和制自己做了法兰西的皇帝呢？是的，他就是拿破仑。

这是一个以红色和金色为基调的咖啡馆，风格甚是复古。红色的墙面上挂着金框装裱的老照片，织有金色叶子的地毯将你引上二楼，阔气的水晶吊灯、洁白的桌布、樱桃木椅子……

几乎所有人都推荐它家的招牌炖牛肉，据说 Le Procope 一直沿用 300 多年前的菜谱来制作这道招牌菜。我餐后才来这里，已吃不下正餐，便点了一杯咖啡和一份甜品。甜品是一大杯巧克力果冻，上面顶着香草冰激凌球和奶油，撒了些杏仁片。全巴黎第一家咖啡馆，好像并没有很用心地做咖啡。

传闻海明威也是这里的常客，不过这并没什么大不了的。海明威在巴黎生活的那段时间，巴黎的餐厅、咖啡馆、酒吧，但凡至今还没倒闭的，我想都是海明威去过的吧。据说他针对不同事项还会选择不同的咖啡馆，有用来约姑娘的，有用来写作的，还有用来聊工作的。丽兹酒店里还有以他名字命名的酒吧，简直可以写一本《跟着海明威吃遍巴黎》了。

双风车咖啡馆
Café des Deux Moulins

17 年前，一部电影的热映捧红了这家位于蒙马特高地的无名咖啡馆。这部由奥黛丽·塔图主演的《天使爱美丽》至今仍是代表法国电影的经典作品之一，影片中女主角打工的咖啡馆正是双风车咖啡馆。剧组在这里取景的决定，引得世界各地的影迷纷至沓来，从影片上映至今，双风车咖啡馆一直维持着经年不衰

▲ 双风车咖啡馆

的热度。

　　这是个鱼龙混杂的街区，秉承蒙马特高地的"作风"，双风车咖啡馆也无所谓优雅和文艺。服务生没有统一着装，穿着各自的便装与熟悉的客人攀谈，气氛热烈。像是街区里彼此熟悉的邻里常去的店，大家都很随意。然而咖啡也并不便宜，跟花神和双叟价格差不多，5欧元一杯拿铁。

　　拿来的菜单套着塑料壳子，摸上去有些油腻，上面只有法文，我便不看了，直接询问服务生有什么推

▲ 双风车咖啡馆

荐的。他向我推荐了土豆胡萝卜炖牛肉,牛肉炖得很软,但盐放得太多,齁得我喝了好几杯水。

这个服务生倒是有趣极了,一个身型高大的金发小伙,我怀疑他是一个有着演员梦的打工青年,生生为自己加了好几出戏。为我上菜时,突如其来地对我唱起了生日歌,放下盘子便开始鼓掌,引得餐厅的客人都误以为是我生日,纷纷礼貌地鼓起了掌。我笑着连连摆手说"别这样"。

隔壁桌来了一位穿着碎花半裙的姑娘,唇色鲜红,身材微胖。小伙为她点单时蹲了下来,充满爱意地看着她,唤她"honey"。姑娘无奈地笑着,说"very funny"。用餐时,金发服务生走过来往她手里塞了一张折叠的小纸条,姑娘一脸"又来了"的表情打开纸条,我瞥了一眼,纸条上画了一颗心。姑娘掩住嘴一边嗤嗤地笑着,一边继续吃饭。过了一会儿,姑娘的手机响了,接上电话和对方聊了起来。金发服务生走过来,拍了拍姑娘的肩膀,指着她的手机小声地问:"你男朋友?"姑娘点了点头,小伙假装愤怒地砸了一下桌子。

　　吃过饭我才正式开始环顾四周,如今的双风车咖啡馆大致维持着18年前影片中的模样。格局全然一致,地面由纯色马赛克换成了拼格马赛克,红色小方桌换成了白色的,还换掉了风靡欧洲多年的索奈特(Thonet)18号椅。不太干净的卫生间门口有个玻璃橱窗,里面陈列着电影的周边商品,电影中约瑟夫坐过的沙发背后挂着电影海报,黑发红唇的艾米丽调皮地笑着。

甜品店

Angelina

　　这家诞生于1903年的法国甜品店有"可可·香奈儿最爱"之名的加持,在巴黎走红多年,里沃利街上的老店始终如景点般游客爆满。几乎每位游客都是冲着它家名为"勃朗峰"的栗子蛋糕去的,我自然也想尝尝。

　　如今的Angelina在巴黎有好几家分店,卢浮宫里也有一家,但那可能是全巴黎最糟糕的Angelina店铺了,我在参观卢浮宫的途中,不幸地走进了这家甜品店。与咖啡馆一样,巴黎的甜品店也可以是餐厅,我预约了套餐在这里吃午饭。

　　踩着时间点来到餐厅,除了一桌用餐的客人外没有见到一个服务生。在欧洲大部分国家用餐有个习惯

▲ Angelina 卢浮宫店

跟国内不一样，进了餐厅最好不要自己找桌，而要等待服务生领你坐下，当然，你可以对服务生安排的座位提出反对。

我站在原地等待服务生出现，两三分钟之后，来了一位服务生领我坐下，我选择了正对玻璃金字塔的一张桌子。我预订的三道式午餐加一杯咖啡，价格人民币 400 多元。

正当我期待着用小银勺戳破"勃朗峰"栗子蛋糕的肚皮，和着里面包裹的雪白奶油一起送入口中，再喝上一口浓郁的咖啡……服务生放下的一道鸡胸肉令我回过神来。这道鸡胸肉是主食，头盘都还没上，她便先将主食端了上来，法餐特别讲究上菜的顺序，这可是大忌。不到一分钟，服务生突然反应过来犯了错误，向我道歉，撤走了主菜，再上了头盘。但其实我并无所谓，要是能全都一起端上来我更喜欢。

这时候，让我愤怒的事发生了。

正在服务隔壁桌的服务生打碎了盘子，发出了巨响，碎片飞溅到我的脖子上，我"啊"的一声叫起来，捂住脖子，以为肯定流血了。服务生一脸冷漠地埋头收拾碎片，完全没有理我。我有些生气，叫了他一声："Excuse me?!"他抬头看着我，依然一脸淡然。我说："你伤到我了！"他走过来看了我脖子一眼，没有任何关切和抱歉的表情，迅速且淡定地说："没有。"我着实被这突如其来的巨响和疼痛吓到了，还没反应过来，服务生已经走掉了。

我仔细检查了自己，的确没有伤口，只是有些轻微的发红。但我对服务生的态度非常不满，他至少应该表示关心和抱歉，我也会息事宁人。在我这桌的服务生上菜时，我跟她要求见餐厅经理。

我一边继续吃着，一边等待餐厅经理现身，担心自己英文不够好，心里还默默地组织着语言。直到我吃完饭，经理仍然没有出现。于是我再次叫来服务生，问她："所以你并没有通知你们的经理是吗？"她回答："我已经通知过了，现在再去帮你叫一次。"

终于，经理来了，一个瘦瘦的法国男人。我直截了当地问："你不想跟我对话是吧？"经理一脸无辜的表情说道："服务生刚刚才跟我说啊。"

我不想去计较他是否说谎，继续说出我早已在心中默默练习过的台词："我不是一个粗鲁的人，但我必须说一些不礼貌的话。你们这家餐厅是我在巴黎尝试过的最糟糕的餐厅。"

经理继续一脸无辜地看着我，沉默不语。我把来到餐厅遇到的接二连三的问题讲述了一遍。经理转身要叫那位打碎盘子的服务生向我道歉，我立刻制止了他，说："不必了，现在道歉已经晚了。你们的道歉不被接受，我会联系你们总公司告知这些情况。"

经理仍然一脸无辜且沉默着。

很快，写了邮件投诉。Angelina 公司没有置之不理，邮件经过一次系统回复、一次部门主管回复、到了一个人手中，对方声称是 Angelina 集团的首席执行官（CEO）。

我不确定是不是每封投诉邮件都会来到 CEO 手中，但我邮件的内容是极具威胁性的。我说道："如果当天碎片是飞进了我的眼睛里，你们现在收到的就不是我的邮件，而是律师函。"

并罗列了以下三点：第一，我告知对方我是受法国旅游发展署邀请前往法国的旅行撰稿人；第二，我表明自己怀疑餐厅员工对我不重视甚至不礼貌的态度不排除种族歧视的可能；第三，我要求当天餐厅值班经理手写一封道歉信给我。

这位 CEO 例行公事地表示了震惊，但告诉我说卢浮宫那家 Angelina 并非集团直营，他们无法直接管理员工，但肯定也会采取措施以保证全球 Angelina 门店的服务品质。此外，他还邀请我随时前往里沃利街旗舰店，为我提供双人套餐。

第二天我便收到了餐厅经理的手写道歉信的扫描件，也就是一些客套话罢了。但这个并不重要，重要的是，我要让他们知道，不要以为匆匆而过的游客面对不礼貌的对待只能放弃追究，总会遇到像我这样不省油的灯，还会将事情指名道姓地写在书里出版，尽管这也没多大用。

至于 Angelina 的 CEO 承诺的旗舰店双人套餐，我是不会去的。

◀ Ladurée
始于 1862 年

Ladurée

第一次知道马卡龙这款甜品是在看美剧《绯闻女孩》的时候。女主角"QUEEN B"泡在浴缸里，从精致的小盒子里拿出一枚抹茶味的马卡龙咬了一口，自此这款圆形小饼在国内火得一发不可收拾。甜品店纷纷开始制作售卖马卡龙，价格居高不下，小小一枚至少 20 多元，但赶时髦的女孩们依然乐此不疲。

据说马卡龙最早是意大利人发明的，只是在法国被发扬光大了而已，导致人们一直误以为马卡龙是法式甜品。法国最著名的马卡龙品牌便是 Ladurée，香榭丽舍大街上的这家店开业于 1993 年。我去过三次，两次都是为了带女性友人去尝尝巴黎最出名的马卡龙。

但我自己不太喜欢，因为甜度太高，哪怕只吃半个我都会皱紧了眉头猛喝咖啡。

香榭丽舍大街上的这家 Ladurée 经常人满为患，不妨去别家分店试试。它家的招牌色系是薄荷绿与金色的组合，包装盒非常精致，在机场店买一小盒作为赠予朋友的礼物也十分体面。

Berthillon

这家家族传承的冰激凌店非常骄傲，无论生意多么红火都不开设分店。并且每年最热的 7 月底到 8 月底便会停止营业，它才不管你夏天要不要吃全巴黎最好吃的冰激凌呢，人家要放暑假。当然，"全巴黎最好吃"是我个人的主观看法，但显然我的想法与法国前总统戴高乐不谋而合，他也一定觉得这是全巴黎最好吃的冰激凌，不然怎么会每个星期都去吃呢？不好意思，这又是据说的。

Berthillon 冰激凌店位于塞纳河中段的圣路易斯岛上，为了它，我起码反反复复来过这个小岛五六次。每一次来，门口都排着长队。我最喜欢的海盐焦糖味冰激凌也被大家喜欢着，稍不走运，这款口味就卖光了。

但我一点也不失望，因为我知道离它几百米之内就有两家餐厅是它的经销商。这两家餐厅销售的 Berthillon 冰激凌价格还更便宜。在 Berthillon 买不到海盐焦糖味的，我就会在这两家经销商里购买，然后站在玛丽桥上举着冰激凌一边啃一边晒太阳。

如果你没机会品尝到 Berthillon 的冰激凌，那满大街都能找到的"小天使"（Amorino）冰激凌也值得一试。

▲ Berthillon 冰激凌，始于 1954 年

法餐

Bustronome

翻开海明威的《流动的盛宴》一书，扉页上的题词这样写道："如果你有幸年轻时在巴黎生活过，那么你此后一生中不论去到哪里它都与你同在，因为巴黎是一席流动的盛宴。"

"流动的盛宴"这五个字广为传颂，是对巴黎最经典的赞誉之词。这个说法很抽象，读者对它有各自不同的解读。但巴黎有一家叫作 Bustronome 的餐厅，可以说是"流动的盛宴"最具象的体现了。

这家餐厅是一辆玻璃车顶的双层巴士，从香榭丽舍大街出发，带你驶经最著名的景点，观赏巴黎无与伦比的美景。每张餐桌还配置了语音导览设备，类似国内的儿童点读机，配合景点地图，哪里不懂点哪里，语音导览便会用中文为你详细讲解。初到巴黎的游客若是心中一片茫然，不知从哪儿开始游玩，那不如先光临这家奇妙的移动餐厅，在享用一餐法式风味的时间里，走一场巴黎景点概览。

巴士下层是操作空间，上层是餐厅，所以桌位不多，预订最好提前些时日。午餐四道菜式，价格 65 欧元。晚餐六道菜式，价格 100 欧元。我选择了午餐，因为夜里车窗玻璃反光太强，拍摄效果不佳。当然，午餐还便宜些。

菜单会随季节调整。我那天的午餐有一道鹅肝制作的前菜，两道主菜分别是鳕鱼和鸭胸肉。或许是因为车内操作条件不如一般餐厅，菜品的质量并不算高，

巴黎　　　　　　　　　　　　　　　　　　　　　　　　　　　　　　　　　　　　　121

但也算是普通餐厅水准。不出意外，甜品不错。就像在重庆很难找到一家不好吃的火锅，在巴黎哪家餐厅要是把甜品做得糟糕，恐怕也不容易。

车开得很稳，用餐的食客们并不安静，却也不吵闹，欢声笑语，气氛融洽，看到美景举起手机惊叹连连。透明的车窗就像个偌大的画框，窗外的凯旋门、协和广场、卢浮宫、圣母院、埃菲尔铁塔，一幕幕从画框中溜走。在巴黎车水马龙川流不息的繁忙街头，悠然自得地一边享用美食一边观赏美景，说这是一场流动的盛宴，不是很贴切吗？

官方网站：www.bustronome.com

Le Sergent Recruteur

这家年轻的餐厅对游客来说毫无名气，猫途鹰点评网上至今没有一条关于它的中文点评。但最近在巴黎本地人中很受欢迎，不提前预订很难吃到。某次我在巴黎的工作完成之后，当地的合作伙伴带我去了。它就在路易斯岛上 Berthillon 冰激凌店的不远处，也是 Berthillon 的经销商之一。

虽然价格昂贵，但它看上去并不奢华：有格调的黑色门脸，玻璃橱窗里展示着一套粉色盔甲，内里是柚木餐桌和墨绿色的布艺餐椅。

菜的分量很小，但看上去非常精致，那些我原以为只是摆盘装饰的花里胡哨的配菜，竟也非常好吃。还有它家特调的鸡尾酒 Sergent Rosso，我一连喝了两杯。三个人消费了近 200 欧元，比起米其林餐厅还是划算了许多，质量是绝对配得上这个价格的。

▲ Le Sergent Recruteur 的菜品

Polidor Depuis

如果你看过伍迪·艾伦的《午夜巴黎》，一定会同意我的说法：将影片前三分半钟单独剪出来，就是一部非常标准的巴黎城市观光宣传片。影片在巴黎的取景，伍迪·艾伦丝毫没有含糊。还记得男主角在电影的第 20 分 49 秒走进的那家餐厅吗？在餐厅里，穿越时空的他，遇见了偶像海明威。是的，这家百年老店昔日的常客，又有海明威，还有雨果和兰波。

如果不是巴黎当地的朋友特意约在这里，我压根不会留意到这家餐厅。它家不接受预订，一切全凭运气。晚上 8 点来到这里，不大的餐厅坐得满满当当，木桌上的红白格桌布散发着老旧的气息。用餐的人们大多聊得兴高采烈，这不是一个安静的餐厅，但气氛却让人兴奋愉快。

这家餐厅某些菜品至今依然沿用着 100 年前的菜谱，比如小牛肉片。朋友极力劝说我尝试一下 tartare，我无法跨越心理障碍，还是作罢了。它家的焗蜗牛和法式奶油扇贝都不错。

席间，朋友突然抬起头来问我："你要不要上厕所？"我摇摇头，继续往嘴里送食物。她不甘心地再次说道："我建议你去上个厕所。"好吧，话说到这里，我知道这个餐厅还有不同寻常的地方，于是顺从地起身朝厕所走去。

真的惊着我了！没想到繁华的巴黎市中心的餐厅里竟还有这样的厕所。用朋友的话来说，"全巴黎找不出第二个这样的厕所了"。院子里一扇极窄的蓝色的门背后不足一平方米的狭小空间里，地面上有一个非常迷你的蹲坑。看来不仅菜谱延续多年前的传统，连厕所也是啊。

▲ Polidor Depuis,始于 1845 年

L'Escargot Montorgueil

很小的时候我就知道法国人爱吃蜗牛这回事，那时候法式蜗牛几乎就是法餐的代名词。到了法国不吃蜗牛，就像到了意大利没吃意大利面一样。这巴黎城中做蜗牛最出名的餐厅，便是这家门脸上有巨大金色蜗牛的 L'Escargot Montorgueil，所以大家都直接管这家店叫"金蜗牛"。

这样的老店装饰风格总是浓重的，黑色餐桌配镶有红色软垫的餐椅，天花板上吊着鎏金雕花大灯。跟一般的法餐店不同，它家的蜗牛有好几种口味，要是跟我一样贪心，可以选择三种口味的拼盘，一共 12 只蜗牛，价格 30 欧元。

至于味道，谈不上失望，但也确实没有惊喜。跟我在任何一家法餐厅里吃到的蜗牛都差不多，甚至巴黎以外一些小镇的餐厅里的蜗牛也并没有输给它，但它家的价格可就贵了许多。并且不知为何，吃蜗牛时使用的夹钳也没送上。我也不是非要讲究架势的人，只要不烫手，我自己用手捏着便是了。

对于"金蜗牛"，我最后的总结便是：这不是一家值得特地来打卡的餐厅。

Le Bouillon Chartier

"以合理的价格提供一顿像样的饭菜，并为顾客提供良好的服务，以此赢得他们的眷顾。"这是 Chartier 诞生的理念。这 100 多年来，Chartier 一直以低廉的价格向土生土长的巴黎人和来自世界各地的游客提供法式美食。

▲ L'Escargot Montorgueil,始于 1832 年

推开棕色木门,服务生穿着黑马甲、系着白围裙,在大厅里快速走动,动作迅速果断,丝毫没有懈怠。点单时,服务生会用手中的圆珠笔飞快地将你点的菜写在面前的桌纸上,上一道菜画掉一道。

一反人们对法餐的印象,这是一家绝不讲究精致优雅的餐厅,食客们像在学生食堂里用餐一般随意,其实这也是大部分法国人真正的生活。如果你是一个挑剔的人,那不要来这里。但如果你穷游到巴黎,囊中羞涩又想品尝正宗传统的法式菜肴,这里是最好的选择。

主菜价格 10 欧元左右,在巴黎可算是极其低廉了。油封鸭腿和蜗牛都算不错,蜗牛的味道比起"金蜗牛"也没有差到哪去。但六只蜗牛价格 6.8 欧元,食材自然是逊色了许多。

我是误打误撞来到这里的,不用排队便坐下了。后来有一次在饭点时路过,那排队的场面可谓是人山人海。真不愧是巴黎的百年大食堂。

酒吧

Harry's New York Bar

这是我在法国去过的唯一一家正经喝酒的酒吧,那种白天卖快餐的酒吧可不作数。

Harry's 的前身是两个美国人在巴黎合伙开的名为 New York Bar 的酒吧,他们雇了一个名叫 Harry 的酒保。由于老板过度挥霍,财务出现问题,于是在 1923

年将酒吧卖给了 Harry。于是 Harry 在店名前加上了自己的名字，Harry's New York Bar 正式诞生。从此开始，这个酒吧再未变卖，一代接一代地传给了 Harry 的后人。

说到这个酒吧，真是想给伍迪·艾伦提个为时已晚的小建议啊。《午夜巴黎》里，男主角与海明威第一次见面的地方难道不应该是这里吗？在巴黎的海明威，有多少个夜晚都是在这个酒吧里度过的啊。《一个美国人在巴黎》，在 Harry's 的地下钢琴吧里诞生的这首著名交响诗，可不就是当年这群夜夜混迹酒吧的美国人的写照。但话说回来，只要是酒吧，海明威哪家又不去呢？

打开酒单，扉页上得意地写着"The Birthplace of The Bloody Mary"（"'血腥玛丽'的诞生地"）。我在还不知道酒是什么味道的青少年时期，就已经在电影里无数次听过"血腥玛丽"这款著名鸡尾酒的名字了。"这一定是款非常可口的酒。"我这样想到。要不然电影里的女主角们为什么总是优雅迷离地对酒保说"Bloody Mary"呢？

坐在酒吧的红色皮质卡座上，我满怀期待地尝了一口红得像鲜血的"血腥玛丽"。我的天！要不是怕酒保把我赶出去，我一定立刻吐出来，从来没有喝过如此难喝的东西，都是些什么东西做的啊？伏特加、番茄汁、柠檬和一些香料！这太诡异了，我想"血腥玛丽"本人来了，喝上一口也会背过气去吧。

相比之下，店里一款名为"Home Made Baileys"（"自制百利甜酒"）的神秘鸡尾酒口感就好多了。为什么说它神秘呢？因为它的成分说明里写着："We keep it secret."（"保密。"）有机会去试试吧，要是不相信我，挑战一下"血腥玛丽"也行啊。

▲ Harry's New York Bar
始于 1923 年

Home Made Baileys ▶

巴黎

中国胃餐饮指南

我有一个标准的中国胃，在国外待上三天就感觉饱受西餐折磨，满城寻找中餐馆以解决味蕾上的思乡之情。多次往返巴黎的我，终于在一次又一次的探店中总结出以下这几家合胃口的中餐馆，但或许是因为川菜之流行，大部分口碑较好的中餐馆都是川菜馆，也有可能生长在西南地区的我，根本注意力就只在川菜馆上。

喜欢川菜的朋友大可放心，跟着我的建议走准没错。如果不放心我的建议，那我推荐一个叫作"寻味"的手机软件，身在巴黎的华人手机里一定有它，他们都靠它来了解这个城市哪里又新开了好吃的中餐馆呢。

闷墩小面馆
Trois Fois Plus de Piment

我在这家店里哭了，哭得很惨。

在蓬皮杜中心附近找到一家四川面馆的我，心想终于可以吃辣了，意气风发地走进这家餐厅，坐在面向街道的玻璃窗前。店里的服务生都是中国人，我点了碗酸辣粉。服务生姑娘问："您要几度辣？我们有一到五度辣。"我不假思索地回答："五度！"姑娘好意提醒我："五度很辣的哦。"我微微一笑报出家门："我是四川人。"姑娘说："我也是四川人，我吃五度受不了的。"我开始怯场："那你吃几度？"她回答："三度我觉得就很辣了。"于是我直接放弃抵抗，弱弱地说：

"那我也三度吧。"

酸辣粉上桌,顶着花生碎、肉沫和葱花,发亮的红油上漂着芝麻,尝上一口,这就是家乡的味道啊!开始猛吃,吃到三分之一时,我从包里翻出纸巾开始擦鼻涕。二分之一时,眼泪便开始止不住地往下流。但我还是停不下来,一边流泪一边狼吞虎咽。擦眼泪的间隙抬头一看,窗外排队的几个老外一边指着我一边幸灾乐祸地哈哈大笑。我也忍不住笑了起来,脸颊上还挂着眼泪,心里想着,"笑吧,尽情地笑吧,等一下你们就知道了"。

第二天,我又去吃了一碗红油抄手,并叮嘱服务生,"一点点微辣就行了"。

▲ 闷墩小面馆

东北饺子
Ravioli Nord-Est

这家店也在蓬皮杜中心附近,门脸很小,一不留神就会错过。那是一个寒冷的傍晚,天都黑透了,又冷又饿的我在别无选择的情况下略带嫌弃地走进这家小店。没想到,煎饺、水饺、卤牛肉,吃起来就跟国内的东北饺子店味道一样啊!

椒糖
Sucrepice

当地朋友告诉我这是一家新开的面馆,取名"椒糖"是因为店里既卖麻辣的重庆小面也卖中式甜品。我点了牛肉面和泡椒鸡杂。牛肉炖得又香又糯,泡椒鸡杂也非常正宗。价格便宜,二两 7.8 欧元。小小的店面挤满了中国人,写到这里我咽了口口水,点了一份外卖——泡椒鸡杂面。

四川人家
Restaurant Sichuan

这家"四川人家"位于 Rue Descartes(笛卡儿街)上。我是被当地朋友带去的,我们一行 10 多个人,大家一致赞成去这家川菜馆吃饭。不知道是不是饿了太久的缘故,我觉得味道棒极了。水煮牛肉、上上签、麻辣香锅,每一道菜味道都不含糊。

◀ 椒糖

◀ 四川人家

越南河粉
Pho Banh Cuon 14

　　我其实很不中意越南河粉，近两年越南河粉在国内很风靡，我尝试过好几家，都觉得味道一般，就再也不吃了。选择巴黎这家越南粉店是因为周围的中餐几乎都吃了个遍，抱着难吃的越南河粉也总比法餐好的态度进去试了试。没想到味道相当好，刷新了我对越南河粉的认知，以致回国后的我还时常想念这家店。如果你在巴黎，一定要尝试这家越南粉店，不过得赶早，那天我离开的时候，门口排着好长的队呢。

法国境内的美国领地

　　这一段说起来简直是个笑话，如果我是直男，恐怕一辈子都不会有女朋友。我跟一个姑娘去了诺曼底大区，自告奋勇地提出要带她去一个海滩，叫作奥马哈海滩。

　　那天很冷，我们层层叠叠地穿上了自己最厚的衣服。到了奥马哈海滩，狂风凛冽，空无一人，一片萧瑟。我在风中裹紧大衣艰难地对她喊道："这个海滩！是诺曼底登陆死伤最惨烈的一个海滩！"姑娘面无表情，冷静客气地点了点头："嗯。"

　　后来我才知道，她听我说这个奥马哈海滩是诺曼底海岸线最值得一去的海滩时，脑海中想象的是类似尼斯海滩躺满比基尼美女的场景。没想到这种"钢铁直男"与姑娘相处的反面案例竟会发生在我身上……

　　第二次世界大战中那场改变战争格局的登陆行动，盟军选择的五个登陆海滩分别是宝剑海滩、朱诺海滩、金滩、奥马哈海滩和犹他海滩，其中伤亡最为惨烈

▲ 奥马哈海滩
▼ 诺曼底阵亡美军纪念公墓

的便是奥马哈海滩。在这个海滩上，盟军献出了至少2000多位战士的生命。

死去的战士被就地埋葬，后来这里建起了阵亡美军纪念公墓和纪念馆。法国政府也将公墓所在的这片土地赠予了美国。站在这里，也算是站在了美国的土地上。

公墓绿色的草坪上，整齐地排列着洁白的十字架，墓碑上刻着阵亡将士的名字、番号、军衔、家乡和死亡日期。那些无法核实身份的阵亡将士，他们的墓碑上写着这样一句话："Here rests in honored glory a comrade in arms known but to God."（"这里安息着一位光荣的战友，只有上帝知晓其姓名。"）

在当年的诺曼底海滩上，多少父母的儿子、妻子的丈夫、孩子的父亲献出了生命。一些无名英雄的人生永远地湮灭在那一场硝烟中，没有留下名字，只留下平生荣耀埋葬于此。

我在这里遇见了与电影《拯救大兵瑞恩》开头一幕如出一辙的场景。两位白发苍苍已无法行走的老人，被家人分别用轮椅推着来到这里，在墓地上久久停留。

毫无疑问，他们一定是当年幸存的老兵，两个人在垂垂老矣之际相约一起重返诺曼底。70多年前，就在这里，他们和战友浴血奋战，当年被战友的鲜血染红的奥马哈海滩，如今在蓝天白云下绿草如茵。当年在自己身边倒下的战友们，永远地被埋葬在了异国的土地之下，而这两位老人或许不久后也将前往天国与战友们相聚。

路的尽头

在诺曼底登陆海滩不远处，有一个在世界旅游版图上并不那么知名的海滨小镇，叫"埃特勒塔"。在拉丁语中，埃特勒塔的意思是"路的尽头"。山川延绵至海岸线，像猛然被削断一般笔直耸立，整座小镇在断崖的夹拥下，恰好位于道路的尽头，面朝大海，隔着英吉利海峡与英国遥遥相望。

这样独特且优美的自然风光吸引了无数文人与画家前来寻找艺术灵感。莫泊桑、雨果、莫奈等人都曾在这里居住，并在这里创作出传世佳作。直到现在，埃特勒塔仍吸引着画家们的到来，或许他们也渴望获得与当年大师们一样的灵感，而这里也逐渐从一个默默无闻的小渔村变成了"法国第一海岸线"。如果已经领略了巴黎的精致与时尚，不妨驾车来到这个距巴黎两个半小时车程的海滨小镇，远离繁华都市，享受海天一色的自然美景。

驾车驶入小镇，层层叠叠的房屋遮住了不远处的

▲ 象鼻山

▼ 埃特勒塔

海岸线，空中盘旋着肥大的海鸥，一声声鸣叫与海浪轻轻应和，提醒着我来到了一个浪漫多情的海滨小镇。

这是一个非常古老的小镇，镇上的大部分建筑修建于中世纪。在这漫长的岁月中，尽管建筑与设施有所更新，但整个小镇依然保持着古老的气质，让人觉得好似身处几百年前。我到来时正值复活节假期，家家关门闭户，街上鲜有旅人，整座小镇安静得让人连呼吸都不敢太大声，只有海鸥们肆无忌惮地放声啼鸣。

不知道是否因为莫里斯·勒布朗也在此居住过，并且在他笔下，侠盗罗宾就在这里发生过一段险象环生的故事，镇上的人似乎多少都有些侦探情结。这里有个极度痴迷侦探小说的老板，将自己的酒店设为侦探主题。每间房都在向一位名侦探致敬，房间没有门牌号，而是挂着被致敬的侦探的照片，房门钥匙上写着侦探的名字，让客人自己对名入房。登记入住时，留着侦探式胡须的老板告诉我："你住的那间房在四楼，这个房间的侦探有一副跟我一样的胡子，你自己找吧。"说完他又诡异地一笑，补充道："你们房间里有条密道哦。"

推开窗，海风涌进房间，夕阳的余晖照亮原本阴暗的房间。我环顾四周，发现房里似乎没有卫生间。仔细察找一番才发现卫生间的门被伪装成了镶嵌圆镜的木板。原来这就是老板所说的密道，不禁哑然失笑。

初春的4月，埃特勒塔满布鹅卵石的海滩上依然寒风凛冽。这里虽然没有南法的灿烂温暖，却有古往今来令许多画家趋之若鹜的取景地——象鼻山。大自然以鬼斧神工将海岸线上的断崖开凿出三个如同象鼻的石拱门，两大一小，好似一家三口。波德莱尔这样描述象鼻山："一棵树的巨大分枝从悬崖高处伸展下来，欲向海底扎根。"

这三座象鼻山被画家们无数次定格在画纸上，一些经典之作流传了下来，被印在明信片上寄往世界各地，其中最为著名的便是印象派祖师爷莫奈的《埃特勒塔的悬崖》。莫奈曾住在埃特勒塔附近的小镇里，除了他自己精心打造的莫奈花园，埃特勒塔可以说是他最为喜爱的灵感源泉。他时常来到这个海滨小镇写生，留下了不少关于埃特勒塔的传世佳作。

在埃特勒塔成为旅游胜地之前的几百年，小镇唯一的经济来源便是出海捕鱼。海岸一侧的断头高崖上，静静伫立着一座中世纪的古朴教堂，过去渔民出海之前都会来这座教堂祈祷收获与平安。站在教堂外的断崖边放眼望去，蔚蓝大海尽收眼底，曲度柔和的海岸线犹如一个温柔的臂弯将整个埃特勒塔揽入怀中。阳

▲《埃特勒塔的汹涌大海》（莫奈）现收藏于奥赛博物馆

光明媚，但高崖上四月的阴冷海风却丝毫不留情面，吹得人踉踉跄跄。一只橙嘴海鸥纹丝不动地站在崖边，和层层递进的浪声一同陪伴着坐在悬崖边上的我。

　　据说这个常住人口不到 2000 人的小镇，已经接待了超过 300 万人次的游客。这个复活节假期，整个镇子一副偃旗息鼓的模样。太阳没入海平面，天尚未黑透，呈现出夜幕降临前特有的鸢尾花般的暗蓝，镇上的餐厅大多早已打烊，街头拐角处还有一家尚在营业，在暗处闪烁着迷离梦幻的光。我迫不及待地推门而入，哆嗦着身体赶紧握住盛满滚烫红茶热气腾腾的白瓷杯，点了最具诺曼底代表性的菜肴——白葡萄酒煮青口。

　　这里最不缺的就是品质上乘的青口，每家餐厅的菜单上都能看到各种做法的青口，当然最传统最经典的还是白葡萄酒煮青口。这道菜做法简单，我在国内

▲ 肥美的青口

▲ 夜幕下的埃特勒塔街角

偶尔会做。用黄油炒香洋葱丁，倒入白葡萄酒，加入百里香或罗勒叶之类的香草，最后放入洗净的青口，加盐与黑胡椒调味，青口开壳后熄火，撒上欧芹碎，一道简单的诺曼底菜肴便制作完成了。

跟传统法餐相比，诺曼底的菜肴显得粗犷了些。而且不知是我平日吃得太过清淡还是法国人用盐太狠，我觉得味道偏咸。桌上还有另一道菜，豌豆炖火腿，更是明显过咸。我在饭桌上猛喝了好多茶，很快就想回酒店上厕所。

天色已黑透，我从餐厅出来，走回酒店。4月的清淡月光里，镇上的每一个屋檐下都亮起了暖黄灯光。空无一人的街巷中回荡着我轻轻的脚步声，路灯待在属于自己的位置，静静地照亮我这个异国旅人的脚步。海浪不会因为夜晚降临而停止追逐，它依旧在我身后涌动，但我知道，整座小镇就快要进入梦乡。

贞德的鲁昂，莫奈的鲁昂

跟布列塔尼一样，诺曼底曾经也是一个独立的公国，后来被法国政府分为上诺曼底和下诺曼底，前几年又整合归一为诺曼底大区。来到诺曼底的旅人，几乎都会来到它的心脏，诺曼底的首府——鲁昂。

这座有上千年历史的古老城市，曾经是中世纪欧洲首屈一指的繁华都市，整个诺曼底的历史精华都浓缩在鲁昂。那位曾带领法国人对抗英军、被写进中国教科书的女英雄贞德，也是在这里被火刑处死。

圣女贞德的出现如同信仰一般，在法国人无计可施几近绝望之时，鼓舞了法国军队的士气。后来她不幸被勃艮第公爵所俘，高价卖给了英国人。英国人并非忌惮眼前这个少女的军事才能，而是想要从精神上摧毁法国民众，他们以残忍且极具侮辱性的方式公开将贞德烧死在鲁昂。就这样，不到20岁的少女成了战争的牺牲品，同时也成为法国人民心中的英雄。后来人们在她被处死的原址修建了一座圣女贞德教堂。

▲ 鲁昂街道

▼ 鲁昂圣母大教堂

鲁昂街巷 ▶

我在初春时来到鲁昂,虽然这里已不靠海,但英吉利海峡的寒风依然吹进了城里,凄风冷雨,整个诺曼底的主旋律都以阴郁谱成。

我住在老城中心附近的酒店,冒雨步行前往多次出现在莫奈画中的鲁昂圣母大教堂。和其他所有历史悠久的建筑一样,鲁昂圣母大教堂也经历了数个世纪的修建、毁坏、修补和重建。教堂塔尖高耸入云,是城里最显眼的地标。寻着塔尖走,怎么都不会迷路。

1892年2月12日,莫奈给朋友写信说,"我已经可以搬入主教堂对面一栋空闲的公寓中"。我这等凡夫俗子看不到,但在莫奈笔下,鲁昂大教堂分分秒秒都在随着光线的变化而变化。流传下来的30多幅鲁昂大教堂作品,竟每一幅都不一样。

莫奈的花园

从鲁昂返回巴黎的途中会经过一个被阳光与鲜花簇拥,美得像油画的小镇——吉维尼。这个小镇因莫奈在此居住而声名大噪,全球旅人慕名而来都是为了亲眼一睹印象派大师手下频频出现的莫奈花园。

莫奈当年定居在此,把自己的大部分金钱都花在了居所前的花园里,种植了各种争奇斗艳的花卉。这个花园既是他的作品,也是他作品的灵感来源。后来他又在花园附近挖掘池塘种上睡莲,也是在这里,他画出了传世巨作"睡莲"系列。他将整副身心投入到花园与绘画中,晚年在此创作出了大量传世杰作,而这些作品也大多是花园景致。

但我必须坦诚自己的看法,不知道是否莫奈生活的年代花园景观设计与现代有所差异,花园里名贵稀有的花卉确实不少,很多我都叫不出名来,但大都漫不经心地生长在花园里,谈不上层次,也谈不上设计。我一点也不喜欢。池塘开了莲花或许会很美,我也想

▲ 莫奈的睡莲池

亲眼见见那青白莲花安静地躺在幽蓝水面上，无奈季节不对，未能得偿所愿。

都说日本画家葛饰北斋影响了很多欧洲印象派画家，莫奈也是其中之一。走进莫奈花园入口处的纪念品商店，正中赫然摆放着封面为葛饰北斋所作《神奈川冲浪里》的画册，莫奈本人生前收藏了大量日本浮世绘作品，至今仍挂在他故居的墙上。

说起莫奈故居的装潢，这位大胡子胖画家的室内颜色主要是粉蓝、艳黄，并大量使用碎花装饰，放到现在来说就是强烈的少女心啊。家具和装潢都很讲究，看得出来他活着的时候作品已经价格不菲了，生活很是富足。

比起莫奈花园，小镇上的景致反倒更吸引我，尤其是在一个阳光明媚的日子里。门口满是爬山虎的纪念品商店，花团锦簇的室外餐厅，紫藤低垂的屋檐，

诺曼底大区

▲ 莫奈故居

Baudy 餐厅 ▶

吉维尼小镇一角 ▶

诺曼底大区

▲ 莫奈与家人的合葬墓

吉维尼小镇无处不是美景。

1883年，莫奈搬到这里后就再也不曾离开，直到40多年后与世长辞。这个本来就不大的小镇，处处都有他的痕迹。镇上那家他时常光临的Baudy餐厅，至今仍在营业。餐厅里的装潢陈设保留着20世纪20年代的模样，温馨舒适。三道式套餐29.9欧元。如果你去到Baudy，听我的，主菜选法式油封鸭腿绝对错不了。

顺着餐厅往小镇西边的尽头走去，你会看到一座简朴的灰白教堂，教堂背后的坡地是镇上的墓地。莫奈与家人的合葬墓在通往墓地的小径边，一个很不起眼的位置，一不小心就会错过。

红衣主教的一个梦

据说1000多年前,红衣主教三次梦见天使的神谕,于是在诺曼底海边的花岗岩山丘上建起了一座宏伟教堂。这座海边山丘名为圣米歇尔山,山顶的教堂经历了扩建、烧毁、重建,成为现在的圣米歇尔山修道院。

我没有宗教信仰,对宗教也不感兴趣。但在欧洲旅行是避不开宗教圣地的。欧洲城市大多围绕教堂来发展,每个地方都必定有一座列入景点排行榜前三的教堂。圣米歇尔山修道院之于诺曼底,相当于布达拉宫之于西藏,是教徒们心中最为重要的朝圣之地。

地球上可能再也找不出第二座这样的岛屿。潮落时它在平坦的沙洲上遗世独立;潮涨时海水从15公里以外的汪洋奔腾而来淹没其四周,这时的圣米歇尔山就像漂浮在水中的孤岛,景象蔚为壮观。很多游人为了居高观赏这奇幻的一幕,选择留宿山上旅馆。也有一些摄影爱好者算好涨潮时间,在傍晚天刚微蓝,山

▲ 圣米歇尔山修道院

上亮起灯火时前来拍摄水中倒影的风光大片。

我住在山下景区内的酒店,门口便是前往圣米歇尔山的接驳车站。通往山脚唯一的道路是人工修建的堤道,不允许私人车辆通过,所有游客都只能乘坐免费的接驳车或山上酒店的工作车前往。我一直想知道潮水失控泛滥时会不会将堤道一同淹没,使圣米歇尔山成为真正的孤岛,山上的人下不来,山下的人也上不去。

进入圣米歇尔山山脚的拱形大门时,一位不会说英文的警察先生叫住我,笑容可掬地指了指我的包,示意我不要斜挎在身后,要小心保管财物。入口不远处一家叫 La Mere Poulard 的餐厅,大概是山上为数不多的选择中名声最旺的一家。特色菜是一种巨大的带

▲ La Mere Poulard 餐厅

泡沫的煎蛋饼，食谱从1888年至今已保密了130多年。可惜年岁漫长并不代表美味，外形和味道都只能用"普通"来形容。价格却还不便宜，我想顾客很大程度上是在为它的悠久历史买单吧。

其实大部分旅游景点是雷同的，从山脚通往修道院的山路，也就是普通旅游古镇山路的样子，两侧尽是游客餐厅和纪念品商店。至于修道院本身，我想在那些对宗教与历史完全没有概念的游客看来，这座源于中世纪的建筑与欧洲其他地方的老建筑相比，也没有多大的特别之处。因为建筑之美从来都不是独立存在的，它存在于百转千回的时光进程之中。

Jiayun DENG/摄

Bretagne

布列塔尼大区

大历史，小日子

　　法国的分区一度让我感觉有些混乱，比如卢瓦尔河谷城堡群一带并不属于卢瓦尔河大区，而属于中央-卢瓦尔河谷大区。最奇怪的是南特，这个过去作为布列塔尼公国首府的城市，如今竟然不属于布列塔尼大区，而属于卢瓦尔河大区。

　　这个疑惑产生之后，我恶补了一段法国史。过去很长一段时间，布列塔尼作为独立的王国存在，叫作布列塔尼公国，是位于法国西北角临海的一个半岛，隔着英吉利海峡与英国相望。

　　英法长达百年的战争中，双方都致力于争夺对布列塔尼的控制权，然而布列塔尼一直苟延残喘地独立着。直到后来布列塔尼公爵的唯一女继承人安妮被迫嫁给了查理八世，这几乎等同于整个布列塔尼做了安妮的嫁妆，归顺了法兰西。但查理八世也白纸黑字地保证了布列塔尼的自治。

　　直到法国大革命期间，政府为了同化少数民族，将布列塔尼粗暴地分拆为 5 个省,强行从行政上割裂布列塔尼。再后来法国政府设置了新的行政单位,将法国分为 22 个大区。那时以南特为中心建立了卢瓦尔河大区,而布列塔尼大区新的首府却是雷恩。就这样,当初的布列塔尼被彻底打散。

▲ 历史的倒影

但法国人没有消停过，前几年又将当年分好的22个行政大区调整合并为13个行政大区。不知道他们什么时候还会再调整。所以虽然如今的南特已不在布列塔尼大区内，但它的地标景点名字依然带着"布列塔尼"四个字——布列塔尼公爵城堡。我当时只是路过南特，准备休息一晚，并未游玩。

不知是我起得太早，还是那天正值复活节假期，我从酒店出发沿着坡道一路向皇家广场走去，南特城里空空荡荡，商家关门闭户，一片冷清。我倒是非常享受这种感觉，要是广场喷水池旁边的咖啡厅开着门，那就更好了。

那一次我是要去圣米歇尔山。在从南特前往圣米歇尔山的路上，与同行伙伴一道拜访了她嫁到雷恩的朋友。可惜这位朋友住在雷恩的郊外，我们也没有安排进城的行程，无法对比布列塔尼过去的首府与如今的首府哪一个更繁华。

到达这位朋友的住处，一见面她的法国老公就给我们俩来了个贴面礼，我不动声色地接受了异性的亲切举动，心里却有些紧张。朋友为我们准备了一顿中餐，炒四季豆、水煮基围虾、可乐鸡翅与紫菜蛋汤。什么菜都不要紧，关键是终于吃上了白米饭。

饭后我们在客厅里聊天，他们的孩子就睡在一旁的婴儿车里。法国男人虽然语言不通，但十分热情，一个劲儿招呼我们各种冰激凌、糖果、点心，全都递到我们手里。说来也怪，法国人这般热衷甜食，却不常见有胖子，真令人费解。

▲ 复活节清早的南特

布列塔尼大区

满地都是六便士，

> 总觉得安然度过一生好像欠缺点什么。我承认这种生活的社会价值，也看到了它井然有序的幸福，但我的血液里却有一种强烈的愿望，渴望一种更狂放不羁的人生。我是准备踏上怪石嶙峋的山崖，奔赴暗礁满布的海滩的。
>
> ——毛姆

敢打赌，这个地方你们一定没有去过，甚至没有听说过，就连许多法国人也没听过它的名字。我为什么要去这里呢？这要从一本书讲起，或者先从我的一次工作讲起。

那次是为一个中法合资的汽车品牌拍摄视频，拍摄地点在法国。这是一支旅行自驾视频，需要呈现法国的风景，也需要故事情节将自驾带入，这样才能保证车辆出镜。我在一次短途航班中想出这个方案，递给客户，即刻通过。

而我只抬头看月亮

方案的灵感来源于我过去的经历。那已经是5年前的事了，那时的我还在政府部门上班。

那些年我不是没有努力过，尽力满足亲人的期望，拥有一份稳定的工作，坐在办公室里敲打键盘。第一次以失败告终，第二次再进入机关单位，是我对家庭的又一次妥协。很遗憾，结局如出一辙。我终于下定决心要永远地告别按部就班的人生，并再也不返回，没有跟任何人商量，在没有退路的情况下提出了辞职。

坐在办公室里的那些年，我时常会想到自己的中年。如果不出意外，我的50岁会跟我的20多岁一样，坐在同样的办公室里敲打键盘。我从不否认别人的价值，但这样的人生让我感到恐惧，每每想起就会觉得痛苦万分。我知道辞职之后自己会面对什么，但没料到家人的反应会如此强烈。父亲盛怒之下断绝了与我的联系，再也不接听我的电话，不允许我回家，也不允许家里的人跟我联系。

Jiayun DENG/摄

孤立无援的我去了丽江，以仅剩不多的存款在古镇院子里租了个单间，住了下来。在那里我没有家人没有爱人没有朋友没有钱，我并没有感受到辞职后强烈的幸福感。虽然每天在云南阳光灿烂鲜花盛开的院子里醒来，心情却一片阴霾，只剩孤独和茫然。

那次出发之前在机场随手买了一本书，毛姆的《月亮与六便士》，我在丽江古镇大石桥桥头的布拉格咖啡馆中将它读完。这本书讲述了一个证券经纪人不顾家人反对，放弃了自己原本富裕的中产阶级生活，只为追求梦想的故事。

或许是文艺青年的通病，总爱借文人艺术家的事迹往自己脸上贴金，那个孤独茫然毫无头绪的我，认为自己正经历着跟这位证券经纪人一样的人生。那时候这个形象光芒万丈地出现，如同我的患难之交，在那段阴霾密布的生活中一直陪伴着我。小说中这位证券经纪人的原型——法国印象派画家保罗·高更，理所当然地成为我最爱的画家。

辞职后，我成了自由职业者。在丽江做过摄影助理，做过宴会设计和花艺，经营过小买卖，开过婚庆公司……恣意妄为的性子依然没有收敛，以单身无业女青年的身份离奇得到美国签证，拿着手中所剩无几的积蓄独自去了美国。这段为期一个月的美国游竟让我误打误撞进入了旅行圈，与网站签约，做起了旅行撰稿人。

做旅行撰稿人的这些日子，我去到一个又一个国家，在这个地球上不同时区的博物馆里瞻望高更被高高挂起的画作。他如同一位无形的伴侣，始终于精神世界中陪伴着我。我也追随他的脚步，走他走过的路，看他看过的景……

▲ 阿凡桥小镇
▼ 阿凡桥海边小屋

说起来，高更的人生又何尝不是一次旅行呢？出生于巴黎，幼年跟随父母去到秘鲁，回巴黎长至17岁竟做了水手航海去了。后来又回到法国做起股票经纪人，迷上绘画后辞去工作潜心创作。之后再次离开巴黎，前往布列塔尼阿凡桥，之后受凡·高邀请前往阿尔勒。谁也没料到，那个年代高贵的白人，最终远渡重洋，去了南太平洋的大溪地，最后将肉体与灵魂永久地留在了远离故土的热带孤岛——马库塞斯。

蒋勋先生似乎对高更很有研究，我便是从他的文字里得知，高更辞职后离开巴黎的第一站便是布列塔尼。位于布列塔尼半岛南岸靠近大西洋的阿凡桥，这个名不见经传的小渔村，高更至少反复来过这里三次，他在这里醉心作画，与其他画家一起推动了阿凡桥画派的发展。至于其他画家是谁不重要，因为阿凡桥的小广场上，唯独竖立着高更的雕像。

这次方案的主题被我设定为追寻高更足迹之旅，带着好奇的私心和神圣的敬意，我和团队从巴黎出发驱车前往大西洋岸边的阿凡桥。

到达阿凡桥已是夜里11点，这个小村庄在黑暗中看不出样貌来，经历长途奔波的我们迫不及待地住进广场边的小旅馆里。但令人紧张的是，所有人在夜色中昏暗的路灯下找了一圈，广场上根本没有高更雕像的踪迹。这可急坏了我们，这个雕像可是视频中最不可缺少的一个元素。最后询问旅馆老板娘才得知，雕像被挪到了市政厅，末了她还漫不经心地补了一句，"当年高更就是住在这个旅馆里"。

旅馆有些简陋，但看上去还算整洁有序。我住的房间窗外便是广场，如果高更雕像没有被挪走，推开窗便能与他相见。想到这里略带遗憾，又担心明天找不到雕像，翻来覆去睡不着。第二天凌晨5点，我以几近崩溃的状态顽强起身洗漱，和同事们去拍摄阿凡桥的海边日出。

从大西洋上吹来的海风将气温降低到了2℃左右，只带了秋装的我顾不上体面，穿上跟同事借的毛衣和司机大叔的外套，开始干活了。大自然是神奇且伟大的，海平面上升起来的太阳将眼前一切染上了一层薄雾般的暖黄，没吃早饭饿着肚子的我们欢呼起来，寒冷、饥饿、疲惫和担心一扫而空。

日出之景拍摄完毕，我们立刻前往市政厅找寻高更雕像。来到市政厅，依然没有发现雕像的踪影，推门进去询问工作人员，工作人员又为我们在地图上指了另一处地点。道谢之后跟着地图再次找寻过去，依旧无果。时间一分一秒流逝，高更依然不知所踪，我开始焦虑，心里一直在盘算团队工资的问题。如果再多出一天，这10个人和车辆的开销又得增加。这时，一位在当地生活了70年的大爷告诉我们，他知道雕像在哪儿，可以带我们过去。

出乎所有人意料，那个当初被高高竖立在阿凡桥中心广场上的高更雕像，如今被随随便便地挪到了河边一处绿化带里，一个相当漫不经心的位置。看来本地人也不再那么看重这个曾在拍卖会上创下世界之最的画家了。

在高更雕像前

Jiayun DENG/ 摄

布列塔尼大区

Centre-Val de Loire

中央—卢瓦尔河谷大区

弗朗索瓦一世留下建筑瑰宝

英法百年战争中，逃避战乱的法国王室从巴黎来到卢瓦尔河谷避难，王公贵族们渐渐发现河谷地带土地肥沃、风景优美，是块风水宝地，于是开始在这里大修行宫。修建起来的上百座城堡作为人类历史的文化产物与自然风光完美结合，使得这条法国最长河流的黄金地带成为如今热门的旅游胜地。

开放为景点供游客参观的城堡有很多，热门的也有20来个。若不是狂热的城堡爱好者，有集邮的癖好的话，不如选两三座最有代表性的，放缓行程，一天一处，慢慢游走，仔细品味。

在卢瓦尔河谷一带的众多城堡中，如果只能选择一座参观，那必然就是它了——所有城堡中最声名显赫的香波堡。它是整个卢瓦尔河谷地带最大的城堡，如果说这众多的城堡是散落于河谷之中的明珠，那么

▲ 香波堡

香波堡无疑是其中最璀璨耀眼、光华夺目的那一颗。它距巴黎车程约两个半小时,译名有些杂乱,不同的地图上又写作香博堡、尚博尔、商堡等,导航搜索定位时得留意了。

我之前在枫丹白露宫的篇章中提到的那个痴迷文艺复兴艺术风格的国王弗朗索瓦一世,他的戏还没杀青。1519年,这位国王决定在卢瓦尔河谷地带猎物繁多的索洛涅为自己建造一座狩猎的行宫,就是香波堡。

在这位文艺复兴重度痴迷者对建筑的审美把控下,集法国晚期哥特式风格和意大利文艺复兴风格为一身的香波堡拔地而起。有人说香波堡是法国文艺复兴运动开始的标志,这我无法确定,但可以确定的是,16世纪初期是法国文艺复兴的早期阶段,那个时候法国的文艺复兴建筑都如香波堡般依然带着哥特式的明显特征。

可惜弗朗索瓦一世为人类留下的这座伟大的建筑瑰宝，一修就修了许多年，直到1547年弗朗索瓦去世，香波堡仍未完工。算下来，这位国王在香波堡待过的时间总共也不过几十天。

几乎所有的城堡都逃不过几经易手的命运，香波堡也是如此。在随后的漫长岁月里，它经历不断地易主、停工、重建、修缮、整治，直到1930年被国家购买，1981年被列入世界文化遗产名录，成为闻名于世的旅游胜地。

站在远处眺望城堡，华丽繁复的塔尖错落有致地在天空中勾勒出香波堡独特的轮廓，宏伟且美妙。走进城堡内部，毕竟年岁已久，历史的粗糙感扑面而来。大厅正中那座精妙的双螺旋楼梯是绝不能错过的景点，两座楼梯围绕着同一个镂空轴心交叉上升，从两侧同时上楼的两个人，能够通过轴心小窗彼此相望，却永远不能面对面相遇。

这个小有玄机的楼梯据说是达·芬奇的设计，我认为这个说法相当靠谱。毕竟弗朗索瓦一世与达·芬奇私交甚笃，找他要个手稿并不费劲。事实上，后来人们将达·芬奇速写本中的草图与香波堡对比，才发现整座香波堡的设计的确都受到了这位文艺复兴大师的巨大影响。

从双螺旋梯拾级而上登上楼顶天台，转身向上望去，瞬间发现自己被声势浩大且精美绝伦的塔顶包围。站在这里远眺，整个香波堡领地一览无余。看够了美景，可以下到城堡内部，去二楼参观，寻找弗朗索瓦一世当年的卧室，虽然他总共也没住过几天。

香波堡左侧有个酒店，酒店餐厅的食物味道不错，我在这里吃过两次晚饭。传统法餐速度之慢，吃完晚

▲ 香波堡华丽繁复的塔尖

▲ 香波堡森林里的石桥

饭出门时游客早已散尽,四下一片漆黑,只有远处城堡的窗户透出暖黄灯光。我害怕极了,脑子里胡乱想起城堡闹鬼的故事,打开手机电筒沿着黑灯瞎火的小路走进停车场。手动挡的小车打了好几次火都无法发动,手心和额头开始冒汗,过了 10 多分钟才成功发动汽车,向住处赶去。

我的住处在离香波堡车程 10 分钟的地方。在这寒冷的夜里,行驶在灯火全无、一片漆黑的田野小路上,这 10 分钟无比漫长。

我并没有住在镇上,而是住在田野中的一间农舍。女主人显然不是一个品味粗鄙的农村妇女,她将屋子装饰得温馨美丽,然后挂在网上出租。这应该就是非常标准的法式田园风格了吧,我暗自猜想。

农舍一共两层,我住楼下,楼上住着一位开着捷豹 1954 年 E-type 的大爷和他老伴,我的小破车跟他

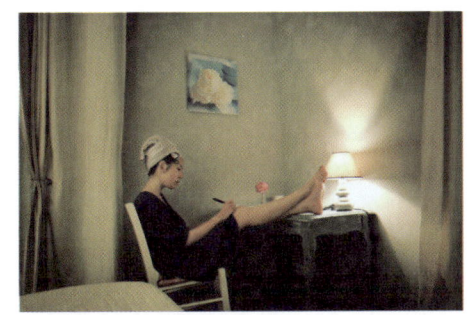

▲ 田野农舍

的老爷车一起停在屋外野花盛开的田野上。

  我的房间干净温馨，柔软的大床正对一道玻璃门，屋外便是辽阔田野。清晨第一缕阳光照射在房门上，拉开窗帘便能看见蓝天白云下的绿色田野、远处邻居的屋子、花园里盛开的月季。而女主人早已从她自己的新居驾车赶来，为住客们准备洒满阳光的早餐。

雪瓦尼城堡

雪瓦尼城堡距香波堡20分钟车程，我的女房东对我说："你一定要去看看雪瓦尼城堡，它是整个卢瓦尔河谷的城堡中装饰最漂亮的一个！"

雪瓦尼城堡中最早的建筑是于1500年修建的堡垒，但主体建于17世纪。这个时期法国已经开始推崇造型严谨、强调对称的古典主义建筑风格，所以雪瓦尼城堡已经明显脱离了塔楼林立、结构繁复的哥特式风格，取代旋转楼梯的折角式楼梯就是最直观的改变。

十分有趣的是，比利时漫画家在《丁丁历险记》里创作的城堡，就是以雪瓦尼城堡为原型。法国人倒挺会动脑子，在雪瓦尼城堡花园里成立了一个"丁丁纪念博物馆"，门票另算。第一次去雪瓦尼，我买票进去看了看。说来凑巧，那时我背包上挂着的玩偶，正是《丁丁历险记》中带着绿帽子的卡尔库鲁斯教授，后来在城堡纪念品商店里买了船长先生，第二次去又把丁丁本人和他的小白狗给收齐了。

▲ 雪瓦尼城堡

城堡女主人的婚纱 ▶

中央-卢瓦尔河谷大区

▲ 起居室

这个城堡不属于王室，修建至今，一直属于法国禹候家族所有。法国大革命时期城堡被充公，后来又被禹候家族某个对家族财产念念不忘的后人买了回来。至今禹候家族的后人仍然居住在城堡里。

城堡内部装饰极尽奢华，确实为我见过的城堡之最，据说是当地一位从意大利学成归国的设计师设计的。巨大的镀金壁炉、雕刻着家族徽章的橡木家具、重达100多公斤的青铜镀银吊灯，就连座椅上的软垫也是被镀金或镀银的铜钉牢牢固定。这里始终保持着主人居住时的样貌，最大限度地向游客展示了城堡主人的起居生活。在二楼的婚房，你还能看到1994年城堡女主人结婚时所穿的婚纱呢。

达·芬奇在这里溘然长逝

弗朗索瓦一世的戏份依然没有杀青,我又要提到他了,他的童年是在昂布瓦斯皇家城堡里度过的。插播一句,百度百科上说,弗朗索瓦一世出生于昂布瓦斯皇家城堡。事实可能并非如此,他4岁时才被母亲带到城堡。当然我也是道听途说的,只不过我是听管理昂布瓦斯皇家城堡的圣路易基金会说的,相对靠谱一些。

这座城堡是中世纪的一座要塞,后来才为法国王室所有。弗朗索瓦一世执政时,当然也不会放过"染指"这个自己从小居住的家,同样以自己热爱的文艺复兴风格复建装饰了这个城堡。他对艺术有多热爱呢?刚一登基,就把64岁的达·芬奇邀请到了昂布瓦斯镇定居,并赐他一座庄园。

令我浮想联翩的是,庄园与城堡之间居然还修了一条地下密道。从地面步行,两地之间不过10分钟路程,有必要修一条密道吗?3年后,达·芬奇在这里

昂布瓦斯皇家城堡 ▶

▲ 昂布瓦斯皇家城堡

死在了弗朗索瓦一世的怀里，这也是据说。安格尔的画作《达·芬奇之死》还原了这个传说中的场景。

达·芬奇死后，人们根据其遗嘱将他安葬在昂布瓦斯皇家城堡边的圣佛洛朗坦教务所。后来这个教务所被毁，达·芬奇的墓地也遭到破坏。多年后，一个组织挖掘出了遗骸和随葬物，鉴定证明为达·芬奇的遗骸。不知为何，他们将遗骸搁置多年，才将其迁移至步行仅需1分钟的圣·于贝尔礼拜堂。如今，虽然圣佛洛朗坦教务所早已没了踪迹，但人们在它的原址上竖立了一尊达·芬奇胸像，标明了墓地最初的位置。对于游客来说，这里不仅是法国王室的一座城堡，更是追忆文艺复兴巨匠达·芬奇的吊唁之地。

昂布瓦斯皇家城堡被修建在昂布瓦斯镇的高地上，据我观察，这里是小镇的制高点，站在圣·于贝尔礼拜堂附近的城墙边上，便可俯瞰卢瓦尔河谷的壮丽风景和整个昂布瓦斯小镇。

昂布瓦斯小镇是一个从新石器时代就开始发展的古老城镇，非常推荐在这里落脚。我第一次到这个小镇是傍晚饿着肚子误打误撞开进来的。我在一堵巨高无比的城墙下停了车，却被收费机器上的法文给难住了。不爱跟陌生人说话的我为了赶紧吃上晚饭，迫不得已拉住一位路过的大叔求助。大叔是个法国人，但也是游客，弓着身子神情严肃地看着收费机器准备为我解决问题。突然，他抬手看了一眼表，像个小孩一样开心地冲我喊道："哇，7点之后不用给钱，你可以不用给钱了！"我一看时间，刚好7点过5分钟，真是太幸运了，于是连声道谢，转身一头栽进了餐厅。

镇子很小，居民依然住在古老矮小的建筑里，清晨与夜晚无比宁静，有时竟会让人产生错觉，怀疑是

▲ 从城堡高处俯瞰昂布瓦斯小镇

否时空又逆转回到了几百年前。小镇依附着昂布瓦斯皇家城堡发展，城堡对面有一排临街铺面，巧克力店、餐厅、咖啡厅、手工品商店应有尽有。各国游客坐在餐厅外，面对城堡啜咖啡，谈天说地。

到了中午，商贩们在城堡脚下支起摊位，贩卖当地美食和纪念品，卖艺乐队唱起欢乐的民族歌曲，一个小型的商业街瞬间活跃起来，小镇一片生机盎然。摊贩们卖的当地香肠和面包看上去非常美味，我买了一份端在手里，坐在繁花似锦的城墙边吃了起来。嗯，味道那是相当凑合。

但小镇总有让人惊喜的美食。一天早晨，为了躲避刺骨的寒冷，我一头扎进了一家面包店，店名叫Patisserie Bigot。原本只是想买杯热咖啡暖手，进去之后发现别有洞天，里面还有一个可以用餐的临街小房间，装饰得温馨复古，靠窗的桌子还没被人占去，于

▲ 昂布瓦斯小镇街景

Patisserie Bigot ▶

是立刻决定小憩一会儿。

不得不说，法国到底是甜品王国，哪怕是这个远离巴黎的僻静小镇，闪电泡芙做得卖相粗糙，但味道也十分美好。精致的法式甜品，一杯滚热浓郁的咖啡，窗外是穿着法式古装聚会的人们……那是我记忆中满足感最强烈的一个早晨。后来才发现，误入的这个小店，竟然是从1913年便开张的百年老店。这100多年来，它一直在家族中传承，从未易手他人。

在它对面有家Amorino冰激凌店，虽说巴黎满大街都有这个连锁品牌的店，但当年我在昂布瓦斯镇上第一次吃到时，从大脑到味蕾都激动了，觉得它是世界上最好吃的冰激凌，不过这个记录很快就被巴黎圣路易斯岛上的Berthillon刷新了。

再往前走，有家叫作Chez Bruno的餐厅，我也去了两次，并不是因为它多好吃，而是为了重温之前的感觉。第一次去时餐厅还没有英文菜单，我看到类似pork和duck的单词，心想这道菜应该是猪肉和鸭肉做的吧，嗯，能吃。结果端上来后试了试，我欲哭无泪，跟我讨厌的猪肝是一模一样的味道，而且还是冰冷的。第二次对比英文菜单，我才知道自己吃的是什么，那是猪肝和鸭肝的混合物。在语言不通的情况下，你真的会吃到很多"惊喜"。

两次来昂布瓦斯我都选择住在小镇附近，小镇上几乎没有什么好的住宿选择。

一次是住在培尔斯城堡酒店（Chateau de Perreux）。这个城堡离昂布瓦斯镇中心10分钟车程，有300多年的历史。为我办理入住的是一位中年男子，他将我带到房间做了简单的介绍，告诉我对面的一片森林都属于城堡。我一直以为这位先生是酒店的工作人员，后来聊天才得知他是城堡的所有人，我以为这是他家族的遗产，他回答："不，这个城堡是我买的。"

城堡一楼大厅看上去温馨舒适，但城堡里有些比较偏的角落还是有些阴森瘆人。我的房间宽敞，有一张法式双人大床和简单复古的衣柜、桌子，床边一扇窗户正对森林，透出郁郁葱葱的绿色。

住过城堡不算特别，我在昂布瓦斯附近还住过一个洞穴呢。

不知道你们还记不记得曾经的一则新闻：欧洲一对情侣用1欧元买下了一个洞穴，将它精心打造装饰一番，使它成为自己的家。当年互联网上他们俩的新闻很火，但我并未多留意，后来误打误撞住了进去，直到离开时房东主动告知我才恍然大悟，原来新闻里说的就是这个洞穴。

其实现在回想起来还真有些后怕。我的房间门锁

▲ 昂布瓦斯城堡酒店

洞穴民宿 ▲▼

是个非常简易的铁钩，哪怕我自己，也能一脚将门踹开。可那时一点都不害怕，一觉睡到天亮。早上起床，看见窗外穿着皮衣的房东刚从镇上回来，怀里抱着一个牛皮纸袋，里面装着面包。洗漱完来到客厅，餐桌上已经铺了花纹精美的桌布，摆好了餐具，点着蜡烛，放着音乐等我用餐了。法国男人的浪漫真是令人惊喜。

属于女人的城堡

▲ 2015 年初访
▼ 2017 年重访

据卢瓦尔河谷官网介绍，舍农索城堡是法国除了凡尔赛宫以外，参观人数最多的城堡。虽然我对这个数据不太信服，但舍农索相较其他城堡而言，风格的确非常独特，它是世界上唯一一座带桥梁的水上城堡。

▲ 城堡卧室
▼ 城堡花园

舍农索城堡与自然风景结合得甚为美妙，建筑本身飞驾水上，倒映于粼粼水面，前有花园景观，后被森林簇拥，是我所到访过的城堡中最上镜的一个。

肖蒙城堡

　　肖蒙城堡的前身是中世纪的布洛瓦伯爵修建的一座堡垒，后来被重建为城堡。布洛瓦伯爵的女继承人带着城堡嫁给了昂布瓦斯家族，此后的肖蒙城堡在长达 500 年的时间里，一直都属于昂布瓦斯家族。

　　后来亨利二世的妻子凯瑟琳·德·梅第奇买下了肖蒙城堡。当她想要夺取情敌狄安娜·德·普瓦捷的属于女人的城堡时,狄安娜好歹合法拥有舍农索的所有权,凯瑟琳也不能大门一关直接将其扫地出门,于是用自己手中的肖蒙城堡与狄安娜"交换"了舍农索。自此之后,肖蒙城堡几经易手,直到2007年归法国中央大区政府所有。

城堡的室内装饰并没有给我留下深刻的印象,只记得远远望去,城堡憨态可掬,浅色系的城堡在雪松深绿枝叶的掩映下,呈现出童话世界的感觉。

  城堡前的园林设计历史短暂，19世纪末才开始动工。过去这里是一座小村庄，当时城堡的主人——一位王子，出资将村庄移建到了别处，原本的村庄被改造为公园。这么想来，当年城堡离村庄可真是太近了。不知道当年那些王公贵族站在城堡窗台边，手持高脚杯品着美酒，往窗外的村庄看去，看到社会底层百姓的人间烟火，心里在想些什么呢？

Sud de la France

南法

教皇之城，戏剧之城

一直在巴黎和法国西北部转圈的我，后来还是去了南部。

南法几乎所有的热门景点都集中在一个大区，它的名字很长，叫"普罗旺斯-阿尔卑斯-蓝色海岸大区"。法国人取名的逻辑相当简单直接，把这个大区里最得意的三个省的名字拼在一起就完事了。

从世界各地前往法国的游客，除了巴黎，大多都选择南下前往这个大区。每年夏季的7月是最为热门的选择，一望无垠的薰衣草和向日葵盛开了，蓝色海岸沙滩上躺满了晒日光浴的美女，摄影界和戏剧界的两大盛会——阿尔勒摄影节和阿维尼翁戏剧节也拉开帷幕。

常住阿尔勒的朋友对我说："你最好7月中旬来，那时候气氛热烈火爆。阿尔勒的摄影节也开幕了，我的作品也会展出。"说完她又补充道："每年这个时候我家地板都睡满了人，你要是来晚了我可不负责，你就只能住酒店了。"

教皇宫 ▶

一听这话，我立刻下定决心一定要在一年中最好的季节前往南法，我还得抢在别人前头预订她家客厅的沙发。但没那么幸运，我被工作耽误了行程，一推再推，前往南法时已经是8月了。这是一年中机票与住宿最昂贵的时候，而绝大部分的薰衣草已被收割，向日葵也干瘪着低下了头，阿维尼翁的戏剧节也早已结束。

我乘坐的火车早晨7点50分从巴黎出发开往阿维尼翁。8月的巴黎清晨有些冷，里昂车站门前的台阶散发着尿骚味，刚到车站就看见两个小偷被警察押上警车。我一边感叹巴黎的小偷上班时间越来越早，一边买了杯咖啡坐下来。

欧洲的火车票实在不便宜，从巴黎往返阿维尼翁的二等座，票价是人民币1700元。但无须检票的开放式乘车体验让人心情舒畅，尤其是这样皱着眉头早起的清晨。一手拖着行李箱，一手拿着热咖啡，再让我伸手出示车票那就实在太狼狈了。上车坐定后不久，身着制服的列车员才会前来检票。

3个小时后，列车停靠在阿维尼翁中央车站。一别巴黎的阴凉，盛夏的南法日光灿烂明亮。车站正对城门，穿过城门便是老城区的主干道共和大街，它笔直地通往阿维尼翁最著名的景点——教皇宫。

看到这里你可能开始疑惑：教皇宫怎么会在法国，不是在梵蒂冈吗？这要说到欧洲宗教史上著名的"阿维尼翁之囚"。13世纪末法国王室与罗马教廷爆发激烈冲突，王室战胜教廷，情势迫使教皇将教都从梵蒂冈迁至阿维尼翁，此后的七位教皇都居住在阿维尼翁教皇宫里。阿维尼翁就这样从一个平凡小镇摇身变成著名的教皇之城，法国的宗教重镇。

老城区面积不大，被完好无缺的5公里中世纪城墙团团围住。要不是因为跟时尚界的朋友一起，我绝不会在这古迹众多的中世纪老城里走进潮品买手店。朋友进门便惊呼起来，异常兴奋地告诉我，好几款巴黎都买不到的抢手走秀款，这家店居然都有。她在密集陈列的货品中一边挑选一边告诉我手中物件的来头，我几乎大半都听不懂。但可以肯定的是，追逐时尚的潮人们，到南法小镇的店里碰碰运气也未尝不可。

或许在巴黎你不容易留意到，但在阿维尼翁很容易看到，许多楼房墙面上的窗户是画上去的。这并不是什么风俗，而是要从古罗马的开窗税说起。古罗马规定，凡是向外打开的窗户，屋主都要缴纳开窗税。这奇葩的开窗税经过时空辗转传到法国，人们修建房屋时自然就减少了窗户的数量，而一些原本有窗户的人家便将窗户堵上，为了美观，就在堵住的窗户洞口画上"窗户"。法国政府还规定窗户越宽，税金就越高。所以即便开窗，人们也会将窗户做得又窄又长，纤细的法式窗户就是这样来的。

每年7月阿维尼翁都会举办盛大的国际戏剧节，距

阿维尼翁的街道 ▲▼

今已有 70 多年历史。我来到阿维尼翁时，这个全球最负盛名的戏剧节已经落幕，街头巷尾的热闹气氛早已无影无踪。加上恰巧又是一个周日，法国人习惯于周日休息，于是整个小城大半的商铺都关门闭户，更显冷清。

错过 7 月的阿维尼翁戏剧节，却恰好碰上了连续 5 年在教皇宫内举办的灯光节。每年法国各地都会举办灯光秀，这仿佛已经成为法国文化的一部分，本地人与游客都乐此不疲地前往参观。

我曾在巴黎一处废旧工厂中观看过"光之工坊"灯光秀，当时心中已觉震撼，来到阿维尼翁忍不住

▲ 阿维尼翁教皇宫灯光节

再买了一张教皇宫灯光节的门票。这一年的主题名为"振动",夜幕低垂,来到教皇宫庭院的游客们全都席地而坐,360度环绕我们的老墙上,蝴蝶纷飞、花开雨落、冰川飘雪、火焰喷发,一幕幕栩栩如生。

散场时随着人群走出教皇宫,广场上几位年轻小伙正放着音乐跳着现代舞蹈。回头望向这座宏伟的哥特式建筑,想起方才亲眼目睹现代科技在这千年历史的古老高墙上做了一个美梦,心中真是感慨不已。

AVENIO 餐厅 ▲▼

最后要特别推荐一家名叫 AVENIO 的餐厅，是 2018 年米其林推荐餐厅，位置不当道，我也无法用文字准确描述，导航能够带你找到它。店面小巧，晚餐时段我早早来到，室内座位竟已被预订满。我坐在室外，打开菜单，扉页上写着店名 AVENIO 的来源，原来这个法语单词是阿维尼翁小镇最古老的名字。[1] 菜品价格适中，味道惊艳。鲜嫩的菠菜上盖着鳕鱼片，浇上香浓的蛋黄汁，顶上放着两片质地上乘的火腿卷……啧啧啧，就是分量太少，不够吃呢。

---

1 阿维尼翁现在的法语名字是 Avignon。

这个小镇不只有凡·高

纵然阿尔勒的历史源远流长，但这 2500 年历史在一个人的名字面前，如同星辰在明月面前一样黯淡无光。这个名字如雷贯耳，叫作凡·高。

凡·高一生中在阿尔勒停留不过 15 个月，但这短暂的阿尔勒时期却正是凡·高艺术创作的辉煌时期。《罗纳河上的星夜》《阿尔勒的卧室》与《夜间的露天咖啡座》都是在阿尔勒诞生的。

那幅享誉世界的《夜间的露天咖啡座》中所绘的咖啡馆如今仍在阿尔勒城中，场景与画中所绘一模一样，我从画作正中黑暗的街道尽头走来寻它，连续两天它都没有开门，室外的桌椅都被收了起来。或许是在放假，但我原本也不打算进去，因为点评网站上的评论大多都是负面的：服务怠慢，口味一般，价格还贵，分数低得可怕。看来不缺游客的"凡·高咖啡馆"并不打算费心留住消费者。

这个老城的大部分地方都围绕着凡·高展开，除

▲ 凡·高疗养院（阿尔勒医院）
▼ 凡·高咖啡馆

南法

了咖啡馆，他画过的竞技场、向日葵花田、罗纳河畔、朗格卢瓦吊桥、汀克泰勒桥和夏日花园，还有割下耳朵后所住的医院，如今都是世界各地游客追寻凡·高踪迹的热门去处。

说起著名的割耳朵事件，那个曾经支撑我精神世界的高更也是参与者。凡·高割耳的原因众说纷纭，但能肯定的是发生在他与高更争吵之后，两个人的关系究竟如何早已失去了查证的可能性。我们只知道这两位都有精神疾病的天才再也没能和好如初，最终结局令人唏嘘，一个在大溪地死于疾病，一个在法国小镇死于枪伤。

"从现在到30岁，我们要为生活进行各种尝试，以防止堕落。我们侧身于生命的海洋中，一定要打个漂亮仗，要成为有出息的人。未来有某种伟大的东西，即使有时我会意志消沉，我们的心灵也还要快乐起来。"

——凡·高

大部分时间，这个古城的主题是凡·高，但每年夏季都有股浪潮会盖过画家的风头，那就是创办于1970年的阿尔勒摄影节。如果你不太知道那是什么概念——简单来说，那段时间的阿尔勒是全球摄影师和摄影爱好者最多的城市，整个城都在为摄影节而忙碌，每个角落都在展示摄影艺术。

如果我早些来，在阿尔勒摄影学院读研的朋友还没去巴黎，我还能与她见上一面。不过没关系，她的作品还在展览，我要了地址一路寻去。找到路边一条简陋小巷，几间破旧房屋便是摄影节的其中一个展区，朋友的作品便在里面。但过程曲折，摄影展的票不在此处售卖，检票大妈用法语跟我沟通了很久都不得要领，我拿出手机地图让大妈给我指个购票地址，大妈指向通往高速路的一处环岛……罢了罢了，我自己又返回城中心的游客中心，取号排队来到服务窗口，工作人员对我说："我们这里不单独售卖摄影节门票，你可以买通票，拿着通票也能去摄影节展区。"我表示只需要摄影节门票，工作人员拿出地图，为我标注了专门出售摄影节门票的地址。于是，我拿着纸质地图一路寻过去，等买到印着威廉·魏格曼作品的门票时已被烈日晒得汗流浃背。

威廉·魏格曼为摄影节拍摄的海报上是一只穿着红色高领衫的狗，阿尔勒处处都能看到这只怪异的狗。这个盛大的摄影节刷新了我对摄影展的印象，没有阔气的大厅和明亮的灯光，破楼房里分区域展示着艺术家们的作品，一切随意简单，甚至有些漫不经心，仿佛就是在高傲地告知世人："艺术？噢，这对我们法国人来说太日常了。"

展区里阴暗破旧的墙壁上挂着长方形的屏幕，里面一双手正在清洗一朵玫瑰；掀开黑布遮盖的暗室，投影在墙上的是一只大拇指在不停地滑动手机屏幕；一个房间的地上纷乱散落着被人踩到污渍斑斑的照片；用塑料纸裹成尸体一般躺在地上的人偶，笑容诡异的头颅在空中旋转……除了照片，这些也是阿尔勒摄影节的一部分。

终于找到朋友的摄影作品，它在老屋角落里一个有罗马柱的石砌高台上。照片里左侧是夜晚的公寓楼，右侧是被路灯照亮的树木。她想表达什么呢？我至今还没向她寻求答案。

▲ 阿尔勒摄影节

▲ 朋友在阿尔勒摄影节上展出的作品

阿尔勒在公元前 1 世纪被罗马帝国占领，这就是为什么这个城市最显赫的景点是古罗马时期的遗址——古罗马竞技场。虽然规模不及意大利罗马竞技场，但在这个"高卢人的小罗马"城中，这已是最宏伟的建筑。沿着椭圆形竞技场的小路边上开满了餐厅、咖啡厅和纪念品商店，墙根下路边咖啡馆的圆桌前坐满了游客，面对千年历史啜饮咖啡，别有风味。但这并不是罗马帝国占领阿尔勒后建造的第一个建筑，古罗马剧场的历史更悠久。我没有买票入内，只从路边栏杆的缝隙探头往里瞧了瞧，还能看见残存至今的台阶和石柱。

▲ 古罗马竞技场边的摊贩

古罗马竞技场 ▲▼

▲ 阿尔勒街头卖艺乐队

只此一次

马赛是我唯一不想再去的法国城市。它是普罗旺斯-阿尔卑斯-蓝色海岸大区的首府，法国第二大城市和最大的港口。大部分人得知马赛之名是因为法国国歌《马赛曲》，但茨威格在《一夜天才》中详细写明了这首曲子的来历，它跟马赛没多大关系。只是因为当年义勇军高唱着《莱茵军进行曲》从马赛挺进巴黎，这首曲子因此更名为《马赛曲》。

我对马赛的第一印象非常不好。市区道路复杂，机动车行驶的道路上，有轨列车正在转弯，标识也不太清楚，开着手动挡小汽车的我虽然面不改色但其实胆战心惊。当终于来到酒店门口以为可以松口气时，门童却告诉我停车场不在这里，要我自己去前台咨询。

问了前台得知停车场入口在另一条街上，车得停在停车场里酒店规定的封闭区域内。取了卡拿着地图开车一路找过去，来到酒店封闭停车区域前，投卡开门。没想到插卡机的插口下方有一条小缝隙，我一不留神将卡塞到那条缝隙里去了，只好按呼叫铃让前台开门，刚才还很礼貌的前台女士，此时语气已经开始不耐烦，但还是给我开了门。卡是取不出来了，只好先停车再说。

我很少着急，因为任何问题都是可以解决的。后来取车时，我也懒得跟前台描述自己是怎样愚蠢地将卡插进了错误的地方，或者这个机器设计得有多不合理。我直接告知前台，自己弄丢了停车卡，对方也没多说，为我补办了一张新卡。只是驾车离场时这张补办的新卡无法感应，酒店封闭的车库大门没有打开。我又再次按呼叫铃请前台开门。终于开出酒店封闭车库，但出停车库大楼时还有一道门禁，停车卡依然无法被辨识。这时呼叫的工作人员并非酒店前台，而是停车库公司的工作人员。对方不会说英文，叫来了会说英文的同事，一番交涉，我告知我是酒店住客，费用已经结算了，只是卡失效了而已。对方一听这话，也没进行查证，二话不说开了闸。

整个过程我虽然表现得心平气和，但其间的烦躁度已经飙升到嗓子眼，一个F开头的词语呼之欲出。想想国内大部分停车库都已十分便捷，手机缴费，无须人工，而这些老牌发达国家却依然停滞不前。轻视与高估，都是没见过世面导致的。

刚到马赛就因为停车的事憋了一肚子火，自然印象是不好的，但这并不是关键，最大的问题还是它糟糕的治安。当我说起巴黎治安差时，巴黎的朋友淡定地说："那是你还没有去过马赛。"我想这很大程度上是由地理位置决定的，马赛濒临地中海，离北非特别近，又是船来船往的大型港口，外来移民很多。人口族群一旦复杂，治安当然好不了。

实际上它也没有那么差，或者说我没有体会到它最差的一面。在我十二万分的谨慎下，什么也没有发生。只是街头巷尾总是会有三三两两聚集着的游手好闲的男子，他们无须做什么，对你上下打量的目光就足够让人害怕了。公共卫生也好像根本无法得到当地人的重视，市中心的墙角、不当道的树根下都散发着令人不适的味道。整座城市的氛围，让人很想马上离开。

但终究还是秉着魔咒般"来都来了"的理念，硬着头皮在市区里游玩。我住的酒店离老港很近，沿着一条笔直宽阔的林荫大道步行10多分钟便到。我被告知这是马赛最安全的地方，但我依然很小心，值钱的物品不敢带在身上，走到稍微僻静的街道，相机便掩在怀里。

老港是马赛这座城市的起源地，在停满船只、桅杆林立的U形港口岸边，鳞次栉比全是餐厅、咖啡馆、酒吧和旅游纪念品商店，如今这里是马赛最繁华最热闹的心脏地带。渔民在岸边支起摊位贩鱼，剖开的鱼躺在摊位上散发着腥味，不惧烈日的游客们在海边慢慢踱步。抬头向南边望去，山上的马赛守护圣母教堂顶端的圣母金像在马赛的天空下熠熠生辉。

从港口正中坐60路公交车便能到达教堂。公交车上似乎没有开空调，乘客们挤在一起，闷热难耐。11个站之后，公交车停靠在教堂脚下，终点站到了。与欧洲遍地的中世纪建筑相比，马赛守护圣母教堂的历史并不算长，只有800年。但教堂本身并非我上山的目的，站在这个海拔100多米的山坡上，城市与地中海尽收眼中。登高眺远才是我的目的，蔚蓝大海与红橙建筑连在一起，颜色赏心悦目。不远处海上漂浮的

▲ 马赛老港

▲ 远眺伊夫岛

荒秃小岛，便是大名鼎鼎的伊夫岛，大仲马笔下的基度山伯爵就是被关在这个岛上的伊夫堡监狱10多年。在老港码头可以买票乘船登上这座孤岛，但买票的队伍长到令人匪夷所思，完全打消了我上岛的念头。

晚饭前坐车下山返回老港，找了家餐厅点了海鲜拼盘。其实味道不过就是有些盐味罢了，并没有多复杂的做法，但地中海城市的海鲜，那叫一个新鲜。

其间我一直在犹豫要不要试试马赛鱼汤。传说马赛鱼汤是维纳斯为了跟战神偷情，为丈夫火神调制的安眠汤。如果这个传说普及够广，那马赛人口中的"鱼汤"跟我们的"绿帽子"含义差不多了。实际上马赛鱼汤是源于普通渔民的家常菜，做法并没有严格的标准，就是好几种海鱼混合香料熬制而成。食用方法倒是有讲究，先将焦脆的面包片涂抹上大蒜和酱料，再浸入汤中泡软了吃，最后再喝鱼汤。

偶遇 ▶

事实上我也不太确定自己描述的流程是否正确，因为后来我还是没有尝试。因为除了两位朋友警告我说马赛鱼汤其实腥味难忍，余秋雨先生的《马赛鱼汤》一文的开场白就直接告诉了我们，"马赛鱼汤徒有虚名"。余先生的结论也是来自马赛鱼汤又腥又咸的味道。恐怕我们亚洲人是无法适应的，我便索性不试了。

晚饭后回酒店，天色已晚。人行道上一位妇女牵着孩子迎面走来，孩童捏着塑料小棒，高高举着一个闪光大气球挥动。路过我身边时，孩子挥舞的气球"砰"的一声打在我脸上，倒也一点不疼，但动静挺大，路边餐桌上坐着的所有人都回过头来看我，自然孩子的母亲也是留意到了。孩子吓得呆住了，我朝他笑了笑示意没关系，孩子的母亲却毫无道歉的意思，一把牵住孩子头也不回地走掉了。

好吧，马赛，对你最后一丝好感也败尽了。

▲ 地中海的味道

尼斯！尼斯！

对马赛的失望，让我对尼斯毫无期待。通往尼斯的高速路毫无景致，无聊乏味。途中会经过戛纳，但我并没有去。直到昏昏欲睡的我将车驶入尼斯5公里长的英国人漫步大道，蔚蓝海岸上，那浪漫海滨之城的感觉才终于出现。大道左侧豪华酒店和餐厅林立，宽阔的步道上种着高大的棕榈树，行人在蓝色的天与海边悠闲散步，沙滩上躺满沐浴日光的人们……我一边开车一边满意地笑了，嗯，这才是南法该有的样子嘛。

没有对比就没有伤害，糟糕的马赛让一个并不喜欢海滩与烈日的我对尼斯好感倍增。我住在英国人漫步大道上的酒店，楼下便有两家口碑极好的餐厅。酒店对面是南法人引以为傲的天使湾海滩，背后是色彩缤纷的老城区。

穿过酒店背后的马塞纳广场，西北方那条有轨电车行驶的宽阔大道是尼斯最主要的购物区，奢侈品牌大多集中在街道左侧，一些经常断货的热门款式在这里也有，在国内需在等候名单上等待半年之久才能买到的 Metis 包包，被我买走了这里的最后一个。但我无心恋战，将战利品放回酒店便急忙去往一个地方——马克·夏加尔博物馆。

第一次听说画家夏加尔是在电影《诺丁山》里，威廉家中挂着他那幅《新娘》。画中身着红色连衣裙的新娘披着纯白及地的细头纱，手里捧着花束，新郎轻轻将她拥入怀中。这对新人正是夏加尔和妻子贝拉，他们俩飘浮在湛蓝的天空中，在魔幻快乐的世界里，山羊在一旁为他们演奏小提琴。

影片的女主角安娜看着这幅画对威廉说："我觉得爱情就该是这样，飘浮在湛蓝的天空中。"饰演威廉的休·格兰特那时正值容颜巅峰，他那湖蓝色的双眼也望向那幅画，说道："还有山羊拉小提琴。""噢对，没有山羊拉小提琴，就不是真正的幸福了。"

爱情，就该是夏加尔画的那样，这是我听过的对爱情最具画面感的描述。夏加尔一生只画一个姑娘，那就是他的妻子贝拉，从恋爱到结婚，贝拉是他唯一的缪斯。爱是夏加尔最好的颜料，他的画如同色彩缤纷的糖果，洋溢着甜蜜。

遗憾的是这幅《新娘》一直为私人收藏，无缘见面。2017 年，估值人民币 2400 万元的《新娘》在上海佳士得拍卖，竟无人中意，最后流拍。但在影片《诺丁山》里，这幅画有幸福的结局，安娜一掷千金买下真迹，将《新娘》送给了威廉，影片最后有情人终成眷属。在这个虚构的故事中，我猜那幅《新娘》一定是挂在两人的婚房中，见证这段来之不易的爱情。

其实倒不是我对绘画艺术多么热衷，但是有了电影情结的加持，夏加尔的博物馆比尼斯任何一个景点

尼斯海滩 ▲ ▶

南法

▲ 马克·夏加尔画作细节

▲ 夏加尔博物馆

都更吸引我。夏加尔在尼斯住了19年,生前参与了自己博物馆的设计。简洁明亮的夏加尔博物馆所收藏的这个白俄罗斯裔犹太画家的作品数量居世界之最。大部分画作的基调为蓝色和红色,主题有他虔诚信服的宗教,更有他热爱的故土与贝拉。

大部分游客前往尼斯都是冲着法国最声名远扬的海滩——天使湾。鹅卵石沙滩上,从清晨到日暮,总是坐满了优哉游哉的人,他们也不怕屁股被石头硌得生疼,久久地坐着,面对蔚蓝大海。

但比起海湾,我更热衷在老城里闲逛,这个被罗马人占领过的老城处处都是鲜艳的意大利风格。老城面积不大,建筑物大多是黄色和橙色的,鲜艳明亮。虽然有1855年修建的尼斯歌剧院和好几座教堂,但与其追究这些建筑,不如多花些时间逛逛热情洋溢的萨雷雅广场集市。

▲ 尼斯夜市

▲ 萨雷雅广场

据说这个露天集市的主题时常更换，商贩们心照不宣，我却摸不清规律。白日里来，他们支起摊位，在步行街上摆起长长的露天市场，出售水果、蔬菜、鲜花、奶酪和腌制品，花花绿绿的蔬果在地中海的艳阳下鲜嫩欲滴，那里俨然是当地人的生活集市。集市尽头的街对面有个小广场，这里的商贩模样便不同了，一身书卷气，他们在这里出售二手书籍、画报、明信片和黑胶唱片……一位穿着白色西服的大叔吹着萨克斯，旁边一位留着山羊胡、穿着夹克的朋克大叔一边抽烟一边一言不发地看着他。

夜里再来，早上的生活集市摇身一变，变成了旅游集市。天刚微微发暗，两边餐厅的红色遮阳棚下便坐满了客人。三位穿着黑色连衣裙的卖艺姑娘拉来大音响，在广场上跳起了现代舞。商贩们的摊位上不再是蔬果鲜花，取而代之的是旅游纪念品：薰衣草制成的香皂、手工制作的纺织品和首饰、稀奇古怪的玩具、叫不出名字也不知用途的小东西……

我从不购买旅游纪念品，又对摩肩接踵的人群深感恐惧，但在尼斯却十分乐于享受这样的热闹气氛。在集市里慢慢地逛着，路过的餐厅门口有一支四人乐队在喧闹中演奏架子鼓、低音提琴、吉他和萨克斯。就在离乐队不远处，餐厅服务生满脸得意地捧着一个生日蛋糕走出来，放在一位老先生面前，人们用法语唱起了《生日快乐》。

天使湾尽头的城堡山被认为是尼斯城市的起源之地。山巅上的防御堡垒早已荒废，如今这里被规划为公园，是俯瞰天使湾的最佳位置，只剩零星的断壁残垣证明着城堡曾经的存在。如果要登高眺远，那你一定得赶早。上午顺光时，海水的渐变之蓝和城镇的红

▲ 尼斯天使湾

橙相间才显得鲜明饱和，下午光线偏移，颜色便暗淡了。

我起了个早，捧着一杯咖啡，一路沿着海滩走过去。尼斯人倒是贴心，不过百米的高度，也专为游人修建了免费的电梯，直通山顶。欧洲人对于景点的开发一向漫不经心，强调自然和谐，公园并不怎么样，但景观却极其惊艳。站在眺望台，尼斯城市和蔚蓝海岸就在脚下，任何形容词都是无力的，脑子里能想到的只有一句话："How I wish you were here."（"多么希望你仍在身边。"）

真是一个让人心旷神怡的清晨，面对如此美景，陌生的游人们相互为对方拍照留影。一位金发阿姨为我拍摄的照片，倾斜的构图看上去海水都快溢了出来。但我也不想去修正水平线，看了太多老法师的风光大片，这毫无技术的照片、旅途中的真与美，多有意思啊。

La Petite Maison，或许你会看到这家餐厅，树荫衬托洁白的桌布，桌上摆放着橄榄油瓶和彩色番茄，看上去气氛很法式，高档且美味，令人忍不住想要走进去。我劝你放弃吧。20欧元的沙拉，五片西瓜上面顶着奶酪、少许洋葱丝和两颗橄榄，还撒上了少许辣椒粉。这是我吃过的最匪夷所思的沙拉，但还不是我吃过的性价比最低的一道菜。它家35欧元一道的海鲜，几片生菜上，只有两条蟹腿和几只虾球。我是不敢多点了，囫囵用随餐的面包填了肚子。

所以要给你们推荐的是它附近的另一家餐厅——Peixes。

这家的厨师显然有心思多了。鳕鱼做法别致：煎过之后与泡在香浓汤汁里的西葫芦丝、胡萝卜丝和鹰嘴豆搭配。切下一块鱼肉，浸入汤汁再送进口中，那叫一个鲜美。6只生蚝15欧元，这是尼斯这种沿海城市最错不了的食物，新鲜极了。甜品也非典型法式，浓稠的希腊酸奶掩盖着自制的杏酱，再撒上各种坚果，杏酱虽然略酸，但有蜂蜜慕斯调和，味道刚刚好。

▲ La Petite Maison 餐厅及其匪夷所思的昂贵沙拉

▲ Peixes 餐厅走心的鳕鱼汤

▲ 乐此不疲的镜中人

尼采的哲学小径

尼斯离一个小到堪称迷你的国家非常近，它与法国也有一句两句说不清的关系，渊源颇深。提到它，男士们会想起那条在游戏《极品飞车》里开过无数次的 F1 赛车道，而女士们多半更在意这个国家曾经的王妃、奥斯卡最佳女主角格蕾丝·凯利（Grace Kelly）。爱马仕大名鼎鼎的 Kelly 包，就是以她的名字命名的。妮可·基德曼与蒂姆·罗斯曾主演过一部讲述这位王妃故事的电影——《摩纳哥王妃》。

摩纳哥离尼斯近到几乎所有尼斯的游客都会顺路前往，我便顺嘴提两句。这个以富裕闻名全球的国家，吃住行的消费水平都偏高，但奢侈品商店的款式那叫一个全。海滨风景不如尼斯，城市气氛也不活跃，大多都是些纸醉金迷的活动，比如赌博。

我要说的是，在从尼斯前往摩纳哥的途中，会经过一个叫埃兹的小镇。这个建在山上的临海小镇已有 2500 年的历史，镇上大部分房屋仍保持着中世纪时的

衣鱼 911/ 摄

▲ 埃兹小镇

模样,大部分餐厅、商铺仍是当初古朴的石料筑成的房屋。

和其他许多旅游古镇一样,原本的居民逐渐离开,取而代之的是做生意的店家。埃兹小镇的山上点缀着各种精心装饰的商铺,琳琅满目,别有趣味。并且,这些商铺大多出售本地货,我在这里竟没有发现攻陷全球旅游景点的"义乌制造"的痕迹。

如果你去网上搜攻略,所有的旅行网站都会言之凿凿地告诉你,尼采在埃兹小镇完成了《查拉图斯特拉如是说》的第三部。并不是这样的。尼采在自传中这样写道:"在尼斯,晴朗的天空第一次照亮了我的生活,我写出了《查拉图斯特拉如是说》的第三部分。尼斯地区许多隐蔽的地段和山岗给我留下了难忘的时光。其中《古老的法版和新的法版》这一重要章节,是从车站艰难攀登到摩尔人居住的奇妙的山崖城堡埃

▲ 古朴的石筑房屋,精心装饰的商铺

▲ 尼采的哲学小径

兹的途中组织成的。"

可见，跟埃兹有关的只是其中一个章节罢了，美国一位哲学教授表示怀疑这句话的真实性，认为这是文学的夸张，因为"《古老的法版和新的法版》是一段很长的、构思严谨的文本，它不可能是在远足的途中写的"。但我认为，或许尼采的自述表达的只是"构思"，而不是"完成"吧。不管怎样，就是这个章节，令埃兹引以为荣，将山顶的一条小径取名为"尼采小径"。

尼采的事说不清楚，但我能肯定的是在电影《遗愿清单》里，摩根·弗里曼和他的患难之交在电影的第 49 分 50 秒来到了埃兹。两位老爷子坐在铺着暗纹桌布的餐桌前，一盏暖黄的小台灯，装着香槟的高脚杯，感到安全的鲟鱼产出的鱼子酱，夕阳余晖洒在窗外远处的海平线上……这一幕发生在埃兹半山腰五星级酒店的餐厅里,这是一家米其林二星餐厅,菜品价格在 90~100 欧元之间。餐厅风景绝佳,窗外便是地中海一望无际的蔚蓝。

但你只需多走几步,花上 6 欧元,就能去到俯瞰地中海的绝佳观景点,那是山顶的植物园。埃兹的小径纵横交错,我没拿地图也没有用导航软件,一边攀爬一边闲逛。还未找到植物园,在烈日下一路强撑的朋友脸色已显苍白。旅行了这些年,我早已不是当初什么也不愿错过的贪心小孩,于是带着朋友下了山。说到底,人比景重要多了。就让这个遗憾永远地留在埃兹吧。

世界香水之都

你该不会以为"香水之都"是巴黎吧？不，不是的，真正的"香水之都"是这里，它叫格拉斯。

很多年前我看过一本书，德国作家帕·聚斯金德的《香水》，讲的是一位制作香水的天才少年为了采集香味谋杀了25位少女的故事。后来这离奇的故事被改编成电影，搬上了大银幕。

"这个城市就是芳香的罗马，香水行家向往的地方，谁没有在这儿留下他的足迹，他就不配当个香水行家。"书中那位天赋异禀的少年因此来到格拉斯学习制香，也在格拉斯开始疯狂的屠杀。

地中海暖湿的气候和格拉斯优沃的水土使得这里一年四季鲜花常开，4月的橙花、5月的玫瑰、8月的茉莉……格拉斯的香料花卉种植历史已超过300年，如书中所说，芳香使这座小镇弥漫在奶油一样甜美的雾气之中。

早在17世纪，格拉斯的皮革商为了掩盖皮革的味

▲ 格拉斯小镇街景

道，想了一个对策，喷上香水后再出售，如此由来的皮革加香工艺，就是法国现代香水的前身。后来随着行业逐渐规范，格拉斯当地制定了香水制作的严格标准。

得天独厚的资源与严格的准则使得香水行业在此迅速发展，逐渐取代皮革业成为小镇经济的主要支柱。技术与资源的遥遥领先，使格拉斯成为香水制造业的翘楚，如今的世界"香水之都"。

法国大部分香水品牌的原料都出自格拉斯，香奈儿更是一直坚持使用格拉斯种植的花卉，且早在1987年就与花商穆勒家族签订了独家协议。那款大名鼎鼎的五号香水，就是在格拉斯的香水实验室里诞生的，主要原料是格拉斯5月的玫瑰和8月的茉莉。

1926年，一位企业家在格拉斯建立了香水工厂，并以当地画家Fragonard[1]的名字命名。这个向格拉斯小镇和18世纪艺术致敬的名字，中文译名却有些俗气，叫"花宫娜"。品牌创办后，该家族三代人一直致力于发展与扩张，很快花宫娜便成为香水王国中最璀璨的明珠。它不是格拉斯历史最悠久的香水品牌，但毫无疑问是影响最大、规模最大的品牌。如果你对香水制作流程感到好奇，提前预约便可免费参观，花宫娜的工厂对外开放。

花宫娜一直强调采用纯植物原料，不添加任何化学物质，香型繁多。但像我这样对香味不敏感的人，走进它家的香水铺子，就完全迷失在气味的海洋里，根本分不出个所以然，只好"外貌协会"一把，选择

---

[1] 让·奥诺雷·弗拉戈纳尔（Jean Honore Fragonard，1732—1806），法国洛可可风格画家，代表作品有《秋千》《读书女孩》《闩》《狄德罗》等。

◀ 花宫娜专门店

包装最好看的一款。这个品牌的香水价格合理，比代工的奢侈品牌香水便宜许多，但售价固定，在格拉斯购买也并不会比较便宜。巴黎歌剧院附近也有一家花宫娜品牌店和博物馆。

我到达格拉斯时是个阴雨天，淅淅沥沥的小雨也没能影响整个小镇中心飘浮着淡淡的香味。就像《香水》中描述的那样，这个城市并不壮观，没有高耸的大教堂，没有巍峨的城堡，也没有华丽的建筑物，小镇看上去仿佛无须彰显豪华。它的脚下有散发芳香的巨大盆地，它觉得这就足够了。

明媚的最美小镇，无缘

其实从戛纳返回阿维尼翁不过3个小时车程，但我绕路在途中歇了一宿，落脚在一个名字特别长的小镇——穆斯捷·圣·玛丽。决定得很突然，小镇周围住宿本就不多，早已住满。找到一个家庭旅馆，还剩一间房，来不及细看便赶紧定下来。打开导航顺着指引去找它，竟开进了一片森林，一条坑坑洼洼的山路通向看不见尽头的林子。心里有些犹豫，但地面上明显的车轮印迹表明这里时常有车出入，先进去看看再说吧。

果然，绿荫掩映的一块空地上，我看到了预订的那家家庭旅馆。三层高的小楼房，墙是发白的旧黄，门窗刷着一种极淡的绿，在颜色浓郁的森林中，这栋房屋呈现出一种褪了色的低饱和度。屋子不远处的树下，拴着一匹无所事事的马，两只狗在屋边自顾自地玩，根本不理会来到的客人。一旁的柴房里堆满了木柴，门口停着一辆废旧的摩托车。

▲ 森林民宿

这是非常地道的普罗旺斯乡村风格，我在心里安慰自己，对房间不抱任何希望，只求安全地对付一晚。屋里没人，我给房东打了电话，她从镇上开车赶过来，带我绕到屋子背后，用最复古的那种旧钥匙打开我的房门。我的房间正对一大片草坪和森林。

进屋之后我终于松了口气，比起酒店房间，这间屋子的面积很大，进门有个小厨房，与卧室隔着一道门。卧室里家具和摆设虽然老旧，但都是我在二手市场看到会买的款式。地上铺着地毯，墙上有个老式的壁炉，看样子冬天是能生火的，壁炉上放的镜子已经斑驳。一个极具年代感又有审美品位的房间，与这栋房屋的外观截然相反。

我把行李箱里的贵重物品取出来塞到床底下，便出门往回头的方向开去。沿着 D957 公路往回开车 5 分钟，会遇见一座两侧站满行人的小桥，这座名叫

Galetas 的小桥谈不上什么建筑风格，极其普通，但修建在一个绝佳位置上——凡尔登大峡谷与圣十字湖的交接处。站在桥上，西面远眺圣十字湖，东面则是凡尔登大峡谷。

其实圣十字湖并非天然湖泊，而是人工修建的大坝将从凡尔登大峡谷流出的河水拦住而形成的水库。正午时分站在桥上望去，湖水在阳光的直射下呈现出梦幻的蒂凡尼蓝。人们欢声笑语不断，在湖面嬉戏，从高崖处一跃而下，激起巨大的浪花。岸边的人赤条条地躺在毯子上晒着太阳。

这里是户外活动爱好者的天堂，皮划艇、游泳、跳水、攀岩、野营……可以开展的户外活动挺多。湖边有船只租赁，除了皮划艇、电动船、手划船，还有一种像小时候在公园湖上踩的脚踏船。游人们驾着小船在凡尔登大峡谷进进出出。我要不是旱鸭子，一定也会租只小船，慢悠悠地从湖面钻进峡谷，抬头看看鬼斧神工的陡峭绝壁。

若是想从高处俯视峡谷，那还需要开得更远一些。D952 与 D71 两条公路沿着峡谷两侧蜿蜒伸展，开到高处停下临渊俯视，峡谷最高处海拔足有 700 余米，或许会让你头晕目眩，得注意安全。

在凡尔登湖待了几个小时，乌云将烈日遮住，天色开始转阴，快要下雨。我准备前往穆斯捷·圣·玛丽小镇找个咖啡馆坐一会儿，雨停后吃过饭再回住处。穆斯捷·圣·玛丽是一个修建在山腰上的中世纪小镇，曾经盛产一种彩釉陶器，人们也叫它陶瓷小镇。小镇入口不远处的空中，挂着一颗纯金的五星，这是十字军东征归来的纪念，也是陶瓷小镇的标志。

刚到小镇，雨便"簌簌"下了起来，我将车停在

▲ 圣十字湖

小镇入口的坡道上等待雨势变小。雨却越下越大，刚开始是淅淅沥沥，后来猛烈极了，打在车顶噼里啪啦。响声越来越大，我思索着不对劲，仔细一看，下的竟是冰雹！向车窗外望去，坡道已变成潺潺河流，一只被冰雹打落在地上的鸽子，在坡上逆流行走，步履维艰。我被困在车里出不去，冰雹越来越密集，响声越来越猛烈，小镇的街道已空无一人，一向胆大淡定的我也慌了神。

半个小时后冰雹过去，雨势变小，我决定冒雨下车找个咖啡馆喝杯热茶。不知是否因为这场冰雹的缘故，镇上餐厅、商铺大多都没开门。我在雨中走了很久，没有去处，只好站在一家便利店门口躲雨。这时一位金发中年妇女向我打招呼："你在这里啊。"我一边笑着回应一边思考这个人是谁，竟然花了三秒钟才反应过来她就是我的房东啊。房东告诉我，她的餐厅就在前面不远处，正在营业，问我要不要过去吃点东西。我正愁找不到去处，高兴地跟她去了。

她家餐厅在小镇高处，天台外面是雨后翠绿的田园风光。景观倒是不错，但不得不说，食物非常糟糕。几乎没有什么选择，就是一些半加工品放在拼盘里，味道让人难以下咽。雨停之后，我便结账从餐厅出来，目标非常明确地走向之前看到但没开门的比萨店，准备打包一个比萨回住处。

比萨店刚开门，一位穿青色T恤的胖小哥正在忙活。他说："大概要等15分钟，可以吗？"我点点头，选了一款有烟熏火腿的比萨。这是我第一次看到比萨制作的全过程，小哥熟练地揉面擀皮，从冰箱里取出各种馅料放在面饼上，大把大把地撒着芝士，最后用铲子将撒满馅料的面饼送入烤炉。炉火烧得极旺，我

▲ 阴天,清冷的小镇也是美的

靠在旁边取暖，看到比萨的边开始向上翘，整个小店充满了熟悉的香味。

食物带来的幸福感真是强烈，捧着比萨盒走在小镇上的我开心极了，等不及回到住处，坐进车里就打开了盒子。芝士就是力量，知道热量不低，我也毫无顾忌地狼吞虎咽起来。正吃得尽兴，突然有人敲我的车窗，嘴里还塞着比萨的我茫然抬头，一个肩膀上骑着小男孩的爸爸笑着对我说着什么，他的妻子也在一旁笑着，后面还跟着两个直勾勾看着我的小孩子。我立刻按下车窗，寻思他可能想问我比萨是哪儿买的。但这位爸爸对我说了一句意料之外的话："分我们点比萨吃啊。"他的妻子在一旁笑得更大声了。我立刻捧起比萨盒子说："好啊！"他一边狂笑一边往前走，嘴里说道："我开玩笑的，哈哈哈！"我忍俊不禁，也笑了出来。

很可惜，因为一场暴雨没能见到这个被评为"法国最美村庄之一"的小镇盛夏该有的样子：阳光明媚，繁花似锦，路边商铺摆满样式精致的陶瓷商品。在路边鲜花点缀的咖啡馆中歇息一会儿该多么惬意，而我只能躲在车里吃比萨。对了，山顶有座教堂，在那里可以俯瞰小镇全景，蓝天之下的绿色原野和红色小镇一览无余。只是山路陡峭，石阶光滑，雨天很难上去，希望你们去的时候是个好天气。

Postface
后记

　　在大部分人眼里，出国旅行的工作是多美好的事啊，在我看来，也的确很好。但工作毕竟不是度假，需要严格地节省经费和时间，这就约等于几乎享受不了任何旅行的乐趣，同时身体和精神超负荷运转都是家常便饭。

　　我去法国工作印象最深刻的一次，现在想起来都觉得凄惨。清晨刚下飞机，别说调时差，一口气还没来得及喘就得带着行李立刻前往小巴黎之外的偏远郊区去取车。这是品牌方提供的拍摄车辆，当时这款新车还未上市，品牌方大概是有个仓库在郊外，我只能自己去那边取车。

　　到了约定的室外停车场，寒风阵阵，四下无人。法国人做事的风格你们多少也有所耳闻，几次拨打电话都无人接听，最后终于联系上，等了许久对方才姗姗来迟。就在这荒郊野外的空地上，我们完成了极其草率的交车流程，对方漫不经心地拍下了我的"驾照"

后记

就将新车交给了我，而那只是未经公证的网络自制翻译件而已。

随后我一个人开车返回市区，过程多么焦虑我就不赘言了，前文巴黎自驾的篇章里已经讲过。我住的酒店没有停车场，只好先将车停在附近的停车场，再拖着行李箱去酒店。还没到登记入住的时间，但我已累得筋疲力尽，只好坐在大堂里，拿出笔记本电脑，红着眼睛改脚本。

本以为这是最疲惫的一天，但我显然低估了工作量。

我们的车戏要在巴黎市区拍摄，客户要求在避开其他车辆的前提下带入巴黎标志性建筑。解决方案只有一个，那就是在天刚蒙蒙亮，人们出行之前完成拍摄。所以接下来的几天，剧组人员都是早上5点半起床，囫囵吞下几个可颂便开工。虽然能够避开大部分车辆，但仍不时有"不速之客"入镜，只得一次次地重拍。时间上的损耗导致我们几乎没有任何喘息的机会，吃饭只能凑合，坐在餐厅里吃饭是异想天开，剧组的助理会提前订好外卖或买好汉堡，大家挤在保姆车里迅速吃完便继续工作。

屋漏偏逢连夜雨，那几日巴黎的气温从30℃骤跌到体感2℃。我所带的最厚的衣服是一件薄风衣，也完全没有时间买衣服，只好东拼西凑借来别人的衣服胡乱套在身上。夜里工作结束，穿着九分裤的我在雨中瑟瑟发抖，再哆嗦着开车回到酒店时通常已是第二天凌晨了，然而早上5点半又得起床。每一天都有不确定的小意外发生，要操心的事情太多，即使在身体极度疲惫的情况下，我还是失眠了。这么折腾下来，剧组里好几位同事都病了，身体素质不行还真吃不消。

现在你们知道了吧，出国工作可不像想象中那么

后记

一个人的盛宴
法兰西文化地理阅读

轻松惬意。当然我是乐在其中的，虽然辛苦，但对我这样的人来说，朝九晚五坐在办公室里更辛苦。想起有一次工作间隙，站在旺多姆广场大名鼎鼎的丽兹酒店对面吃盒饭，阴沉了一周的巴黎，突然阳光明媚，照得我手中盒饭里的大鸡腿油光锃亮，那一刻就觉得，眼前的盒饭可真是比任何法式大餐都美味啊！